Michael Tschakert

Kunststunden mit Erfolgsgarantie

Malerei

in der Sekundarstufe

BRIGG Pädagogik

Gedruckt auf umweltbewusst gefertigtem, chlorfrei gebleichtem
und alterungsbeständigem Papier.

1. Auflage 2008
Nach den seit 2006 amtlich gültigen Regelungen der deutschen Rechtschreibung

ISBN 978-3-87101-**399**-7 www.brigg-paedagogik.de

Inhalt

Vorwort

Als Referent in der Lehrerfortbildung werde ich häufig sowohl von erfahrenen Kunstlehrerinnen und Kunstlehrern als auch von fachfremden Kolleginnen und Kollegen nach neuen, zeitgemäßen Themen für gute und einfach realisierbare Kunststunden mit wenig Materialaufwand gefragt. Angesichts der hohen Belastungen der Lehrkräfte – manche unterrichten zehn verschiedene Fächer – muss man diesen zugestehen, dass sie sich nicht mit großem Zeitaufwand auf ihre Kunststunden vorbereiten können. Schlechte Vorbereitung, mangelnde Arbeitsmittel und vage Vorstellungen vom Ergebnis der Kunststunde führen zu unbefriedigenden Ergebnissen und Unlust bei Lehrkräften, Schülerinnen und Schülern.

Daher wendet sich dieses Buch an Lehrerinnen und Lehrer, die auch mit geringen Vorkenntnissen oder gar ohne Kenntnisse mit wenigen Minuten Vorbereitungszeit Kunststunden unterrichten wollen, in denen Schülerinnen und Schüler großen Lernzuwachs erreichen und ansprechende Ergebnisse erzielen. Doch auch erfahrene Kunstlehrer(innen) können ihre eigene „Schatzkiste" der Lieblingsthemen mit neuen Themen füllen bzw. ergänzen.

Das Buch präsentiert keine Vorzeigestunden mit Prüfungscharakter. Die Komplexität einer Prüfungsstunde verlangt nach Lernzieltaxonomie, Artikulationsstufen, kunsthistorischem Bezug, Sequenzeinbindung etc. In diesem Fall kann das Buch lediglich als Anregung und Ideengeber dienen.

Stattdessen bietet es:

- 25 neue, moderne, die Jugend ansprechende Themen, die mit den gängigen Arbeitsmitteln (Malkasten, Block, Bleistift, Schere) bearbeitet werden können
- praktisch erprobte Themen für ca. 100 Schulstunden Unterricht
- Schülerbilder zur Veranschaulichung
- einfache, klar strukturierte, selbsterklärende Arbeitsschritte
- das Endergebnis betreffende Erfolgsgarantie durch Hilfen für unbegabte Schülerinnen und Schüler
- Kopiervorlagen, wenn diese nötig sind
- Tipps vom Profi
- die wichtigsten Unterrichtsziele
- Hintergrundinformationen aus der Welt der Kunst, die zur Recherche anregen

Ich wünsche Ihnen, liebe Kolleginnen und Kollegen und Ihren Schülerinnen und Schülern viel Spaß und Erfolg bei der Umsetzung der Themen.

Euch, lieben Schülerinnen und Schülern, danke ich für die Zustimmung zur Veröffentlichung der gelungenen Bilder.

Michael Tschakert

Bedeutung der Piktogramme

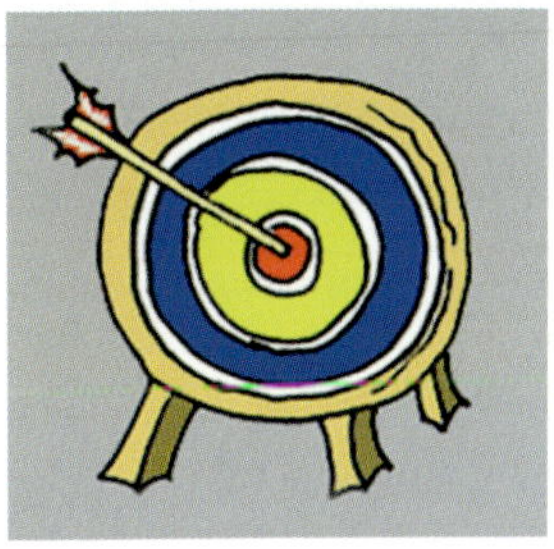

Lernziele

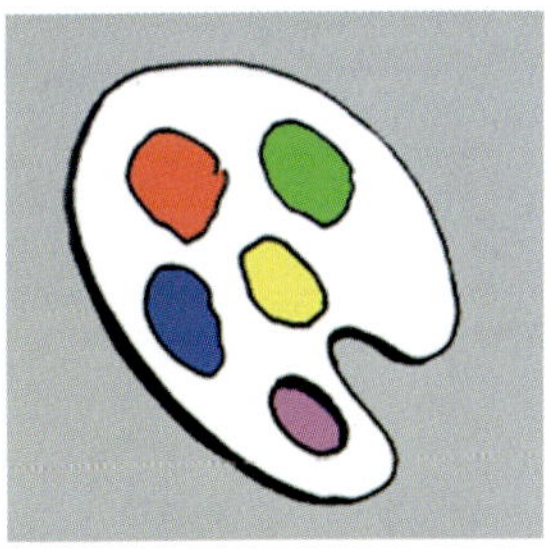

Diese Materialien werden benötigt

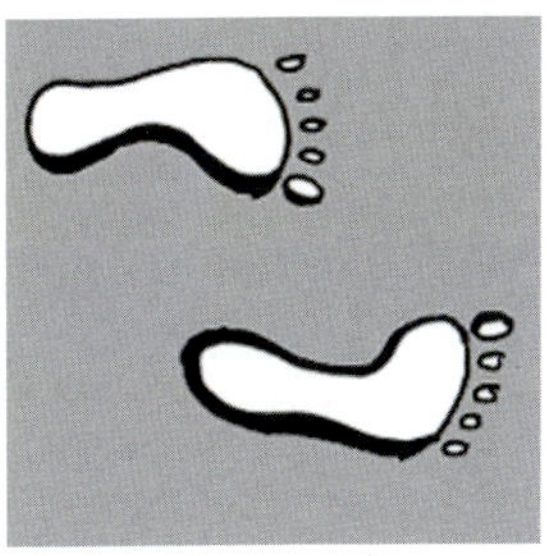

Arbeitsschritte

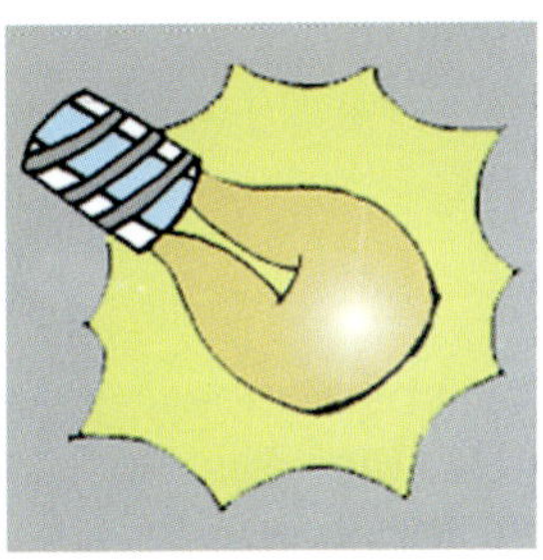

Tipps vom Profi

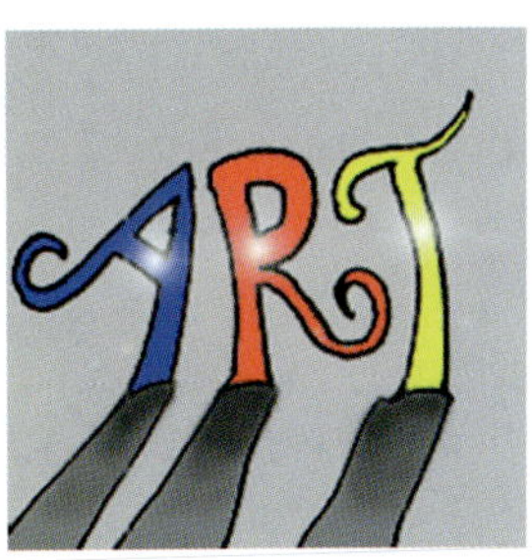

Hintergrundinformationen aus der Welt der Kunst

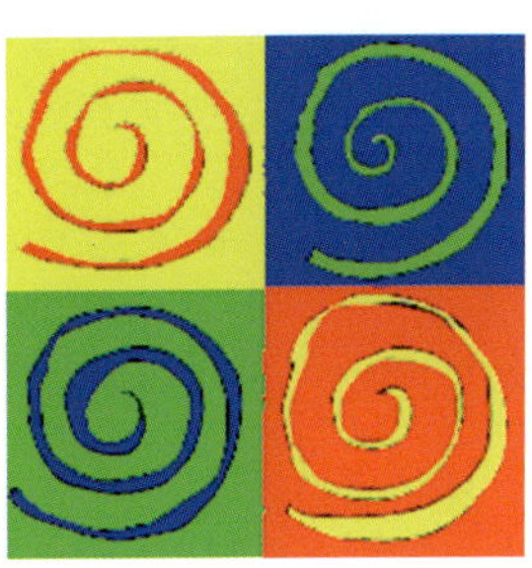

Mögliche Variationen beim Thema

Thema 1 Taucher im Gegenlicht

- Hell-Dunkel-Kontrast als bildnerisches Mittel
- Ballung (Fischschwarm) – Streuung als bildnerisches Mittel
- Erkenntnis: Dinge erscheinen im Gegenlicht dunkel (wegen des Körperschattens)

- Zeichenblock und Wasserfarben
- Zirkel und Schere
- Bleistift oder Fineliner
- Dünne Pappe für die Taucher-Schablone

1. Sonne: Mit dem Zirkel einen Kreis (Radius 3–4 cm) leicht vorzeichnen. Das weiße Papier hier nicht bemalen.
2. Wasser: Um die Sonne herum verdünnte blaue Farbe (in konzentrischen Kreisen) auftragen. Nach außen hin kann mehr Farbe aufgetragen werden, so dass das Wasser dunkler erscheint (Abstufung von hell nach dunkel).
3. „Höhle“: Korallen, Felsen, bizarre Formen mit einem Stift vorzeichnen und dann schwarz ausmalen.
4. Taucher: Wegen der schwierigen Form und weil der Taucher auch als solcher erkannt werden soll, wird dieser nicht frei Hand gezeichnet. Der Lehrer oder ein Schüler schneidet eine Schablone aus dünner Pappe (Kopiervorlage), die der Klasse als Vorlage dient. Der Umriss kann nachgezeichnet werden oder die Pappe wird schwarz bemalt und abgedruckt.
5. Meeresbewohner: Rochen, Fischschwärme, Haie, Schildkröten, Kraken ... (Brainstorming) werden vorgezeichnet und ausgemalt.

- Runde Bildgegenstände müssen auch rund sein! Scheuen Sie sich nicht einen Zirkel oder runde Gegenstände für runde Dinge zu verwenden.
- Die Höhle (die Korallen etc.) lässt sich am besten in fließenden Linien „all in a line“ aus der Schulter heraus zeichnen.
- Das Wasser kann auch mit einem Schwamm statt dem Pinsel gemalt werden.

- Für die Meeresbewohner können die Schüler aus Pappe Schablonen zuschneiden und untereinander tauschen.
- Die Schablonen lassen sich auch aus Linoleum-Resten anfertigen.
- Die Meerestiere können aus schwarzem Karton ausgeschnitten und aufgeklebt werden.

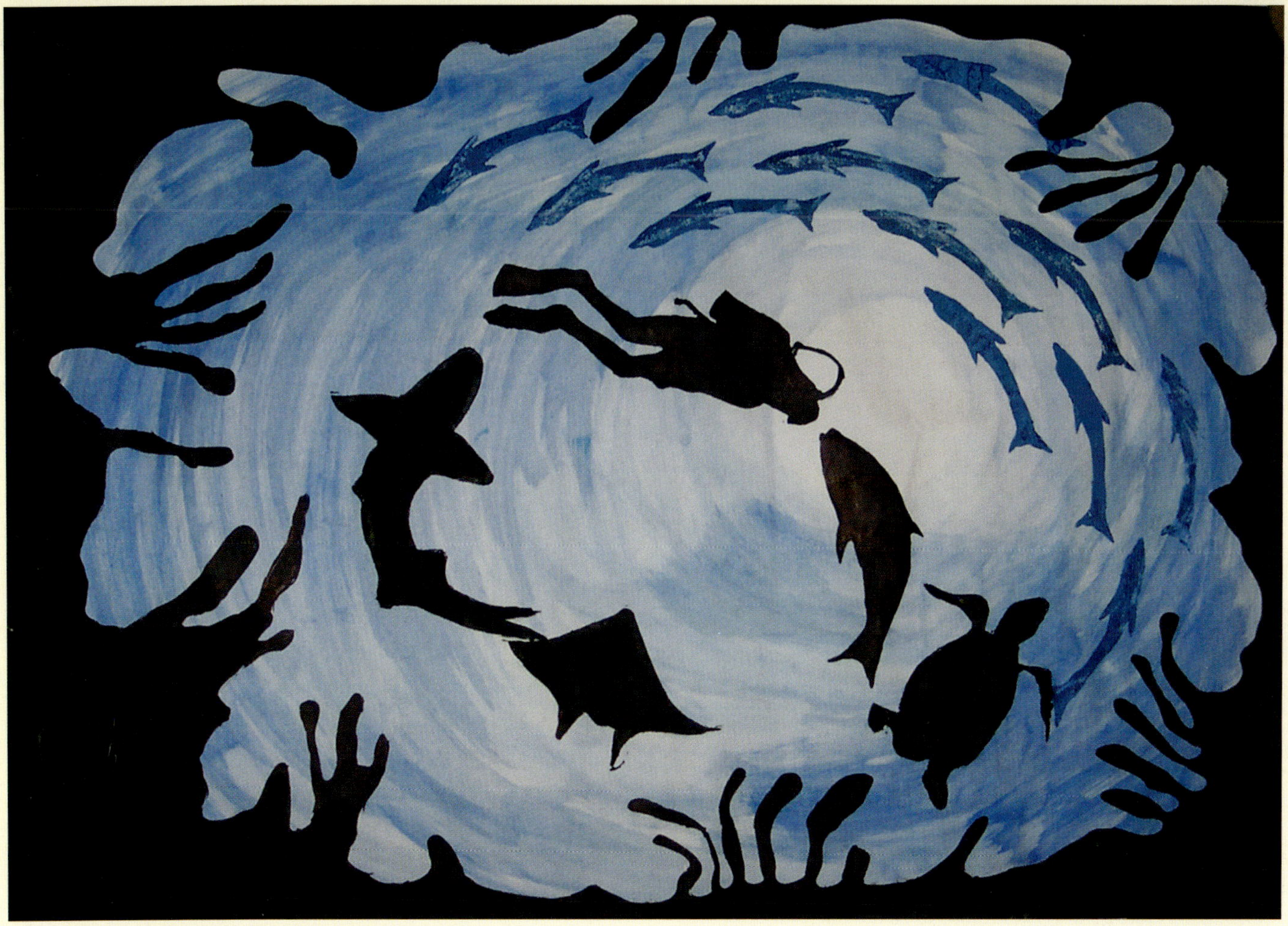

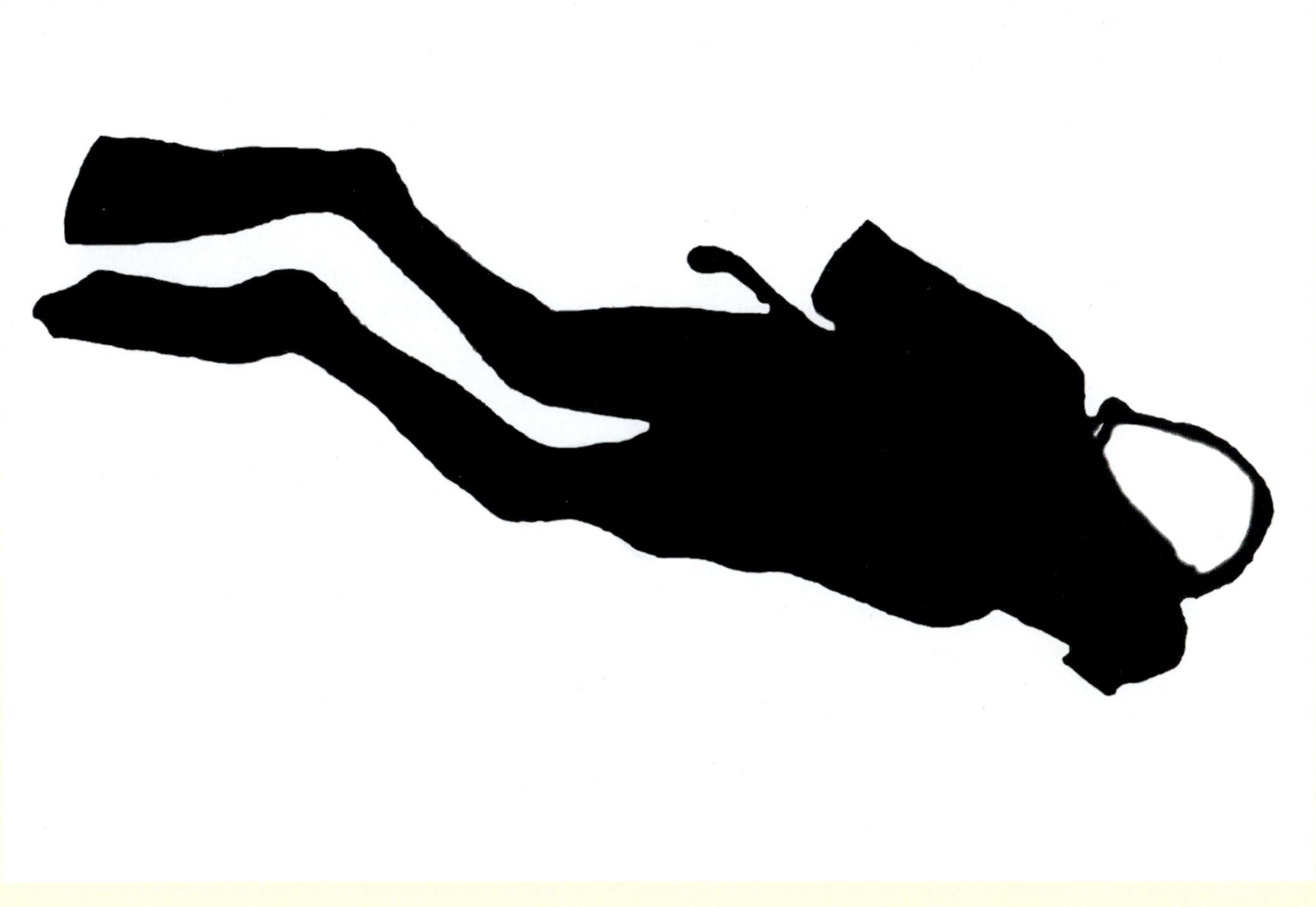

Thema 2 Koi-Teich

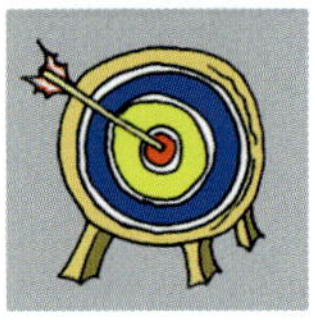

- Glaubhafte Darstellung von Wasser
- Abdunkeln und Aufhellen von Farben
- Wirkungsvolle Anordnung von Bildelementen

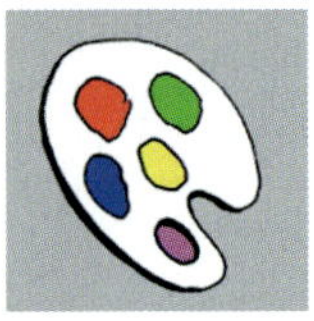

- Zeichenblock und Wasserfarben
- Bleistift

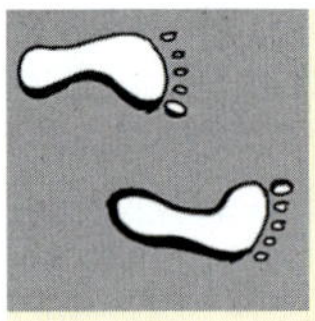

1. Vorzeichnung: Wasser

   Vorzeichnung mit dem Bleistift: Unregelmäßige Linien wie bei einem Camouflage-Muster ziehen.

   Fleckenvariationen:

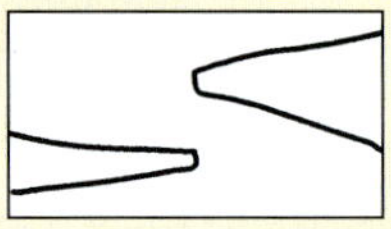

über den Rand hinaus

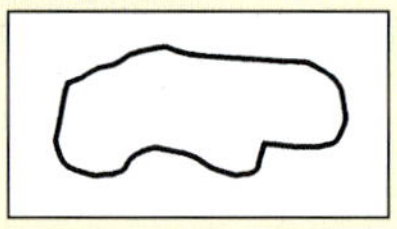

geschlossen

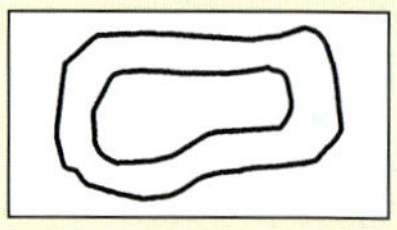

Fleck im Fleck

2. Vorzeichnung: Fische

   Eine Mittellinie gibt die Achse vor (eine Krümmung oder S-Krümmung). Um diese herum den Umriss des Fisches ergänzen.

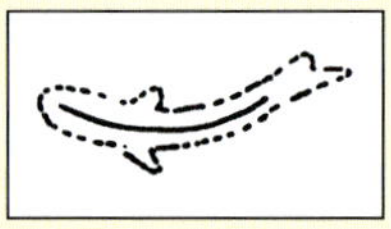

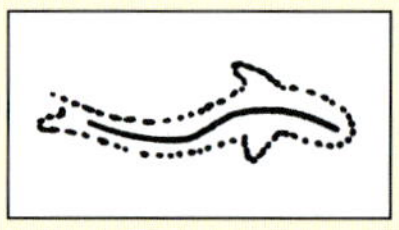

   Ungeübte Schüler können eine Schablone (Kopiervorlage) zur Hilfe nehmen.

3. Malen: Wasser

   Reduzierung auf drei Blautöne: hellblau, mittelblau, dunkelblau. Die größte Fläche wird hellblau bemalt, ein Teil mittelblau, der Rest dunkelblau.

4. Malen: Fische

   Fantasievolle Bemalung oder naturgetreu nach Recherche über die traditionellen Zeichen der Koi (wie in der Abbildung).

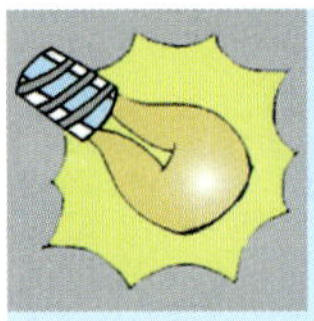

Panta rhei: Alles fließt. Dieser Grundsatz gilt auch in der Kunst. Das Auge soll gelenkt, der Blick fließend durch das Bild geführt werden. Der Koi-Teich zeigt das deutlich.

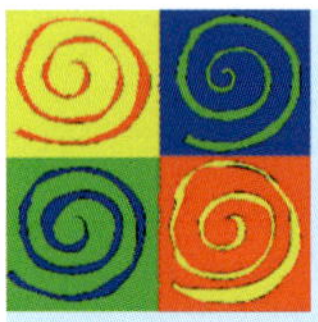

Mehrere Bilder können zu einem Koi-Teich zusammengefügt werden.

Siehe Abbildung: quadratische Leinwände mit Acrylfarben bemalt
(ca. 250 cm x 150 cm).

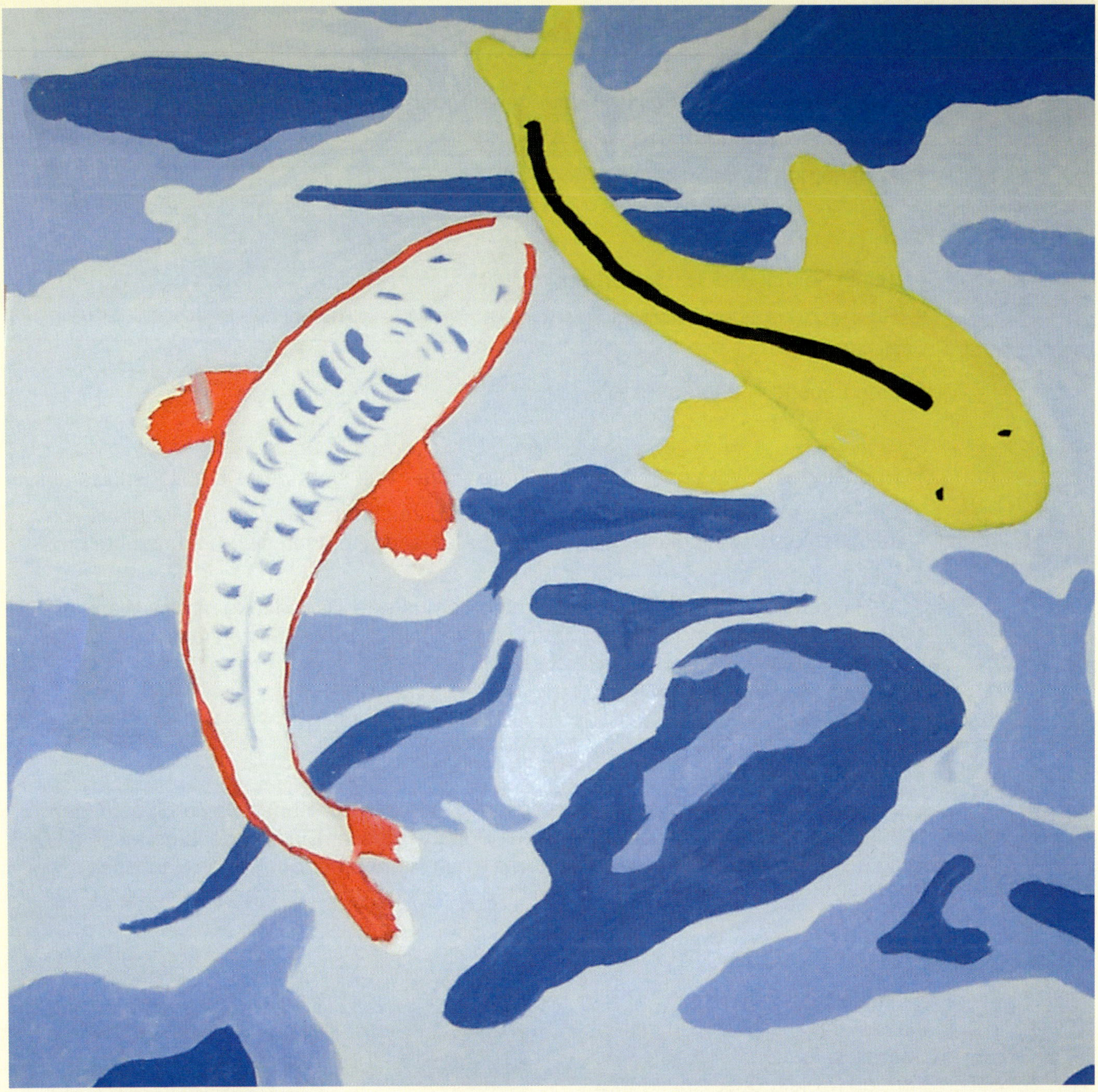

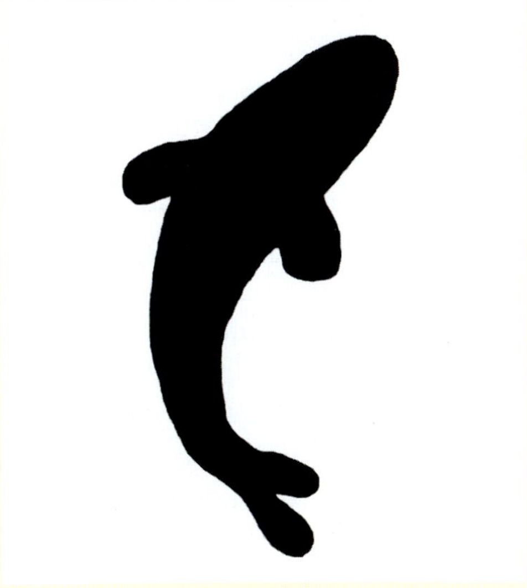

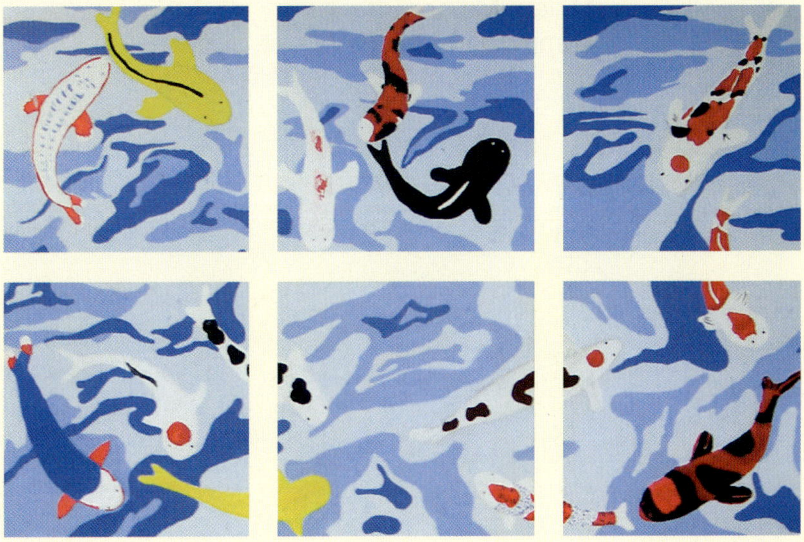

Thema 3 Lieblingspizza

- Realistische Darstellung von Bildgegenständen
- Wirkungsvolle Anordnung von Bildelementen
- Annäherung an das Thema „Food-Art“

- Zeichenblock und Wasserfarben
- Großer Zirkel oder Teller
- Bleistift
- Evtl. Lebensmittelprospekte

1. Brainstorming: Was gehört auf eine gute Pizza? Wie sieht deine Lieblingspizza aus?
2. Die Pizza mit dem Zirkel oder einem Teller vorzeichnen. Die Zutaten ebenfalls vorzeichnen und wirklichkeitsgetreu malen. Als Vorlage eignen sich Lebensmittelprospekte.
3. Als Hintergrund können die Schüler eine gemusterte Tischdecke malen. Weniger arbeitsaufwendig und sehr dekorativ ist ein DIN A3 großer Bogen Geschenkpapier als Tischdecke (siehe Bildbeispiel oben).
4. Das Besteck darf nicht fehlen.

„Food-Art“ oder „Eat-Art“ ist ein interessantes Thema in der Kunst. Daniel Spoerri (geb. 1930) veranstaltete Koch-Happenings, der Popart-Künstler Claes Oldenburg (geb. 1929) fertigte überdimensionale Lebensmittel wie einen Hamburger oder einen Sandwich aus Plastik an und stellt damit die Trivialrealität der Konsumgesellschaft zur Diskussion.

Es ist schwer, aus dem Gedächtnis realistisch zu malen oder zu zeichnen. Eine gute Vorlage (Objekt oder Abbildung) erleichtert das detailgetreue Malen. Mit der Erfahrung kommt dann die Fähigkeit, aus dem Gedächtnis zu gestalten.

- Reliefartiges Arbeiten: Pappteller und Plastikbesteck verwenden.
- „Supersize-Klassenpizza“: Die Zutaten auf eine mit rotem Stoff beklebte Pappscheibe (Durchmesser ca. 1 m) kleben. Der Rand wird aus zerknülltem Packpapier geformt und befestigt (siehe untere Abbildung).
- „Gammelpizza“: Zwischen den leckeren Zutaten verstecken sich eklige Tierchen wie Kakerlaken, Käfer etc.
- Collage: Aus einem Lebensmittelprospekt Bildelemente (Salami, Schinken etc.) ausschneiden und aufkleben.

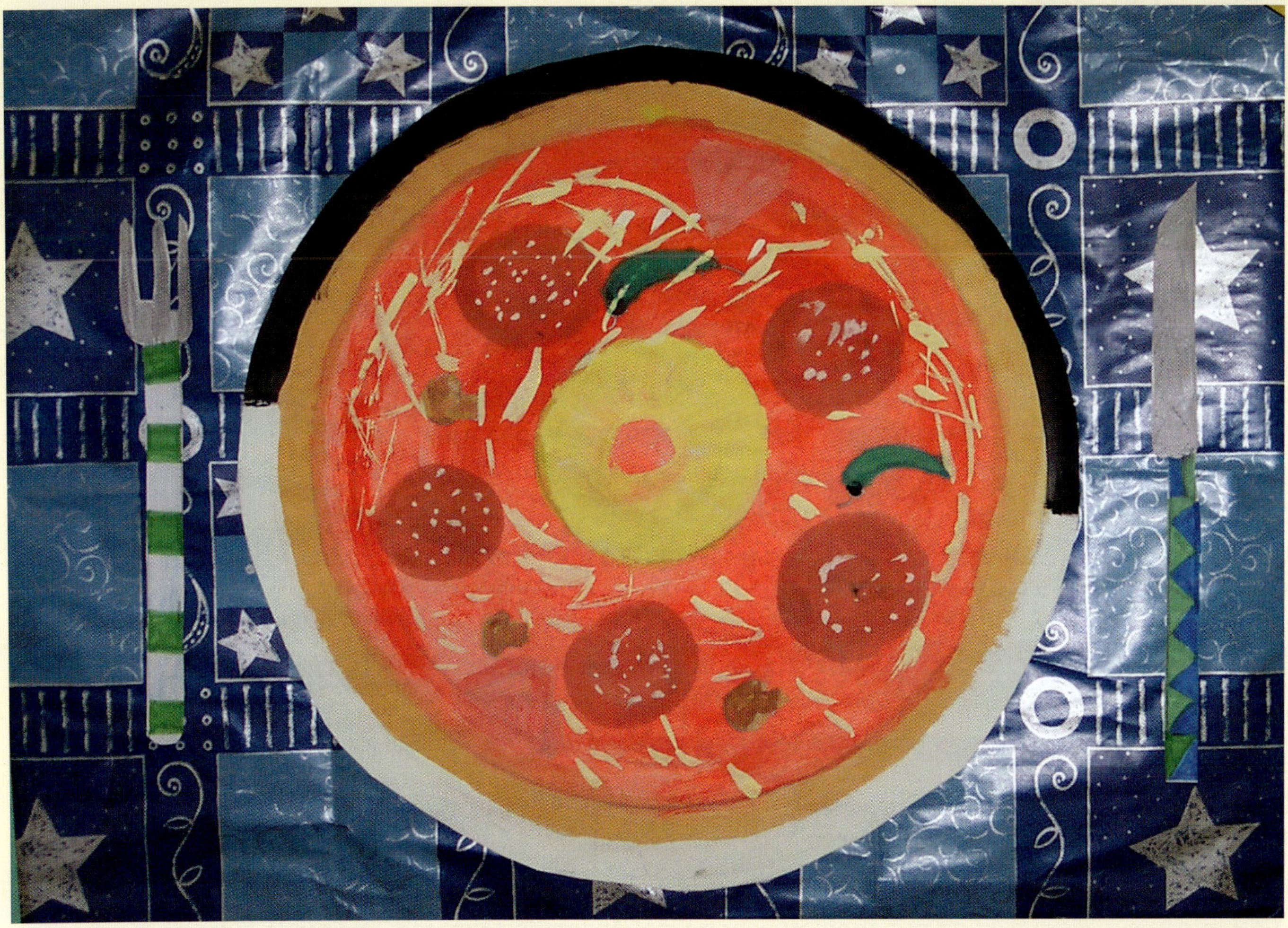

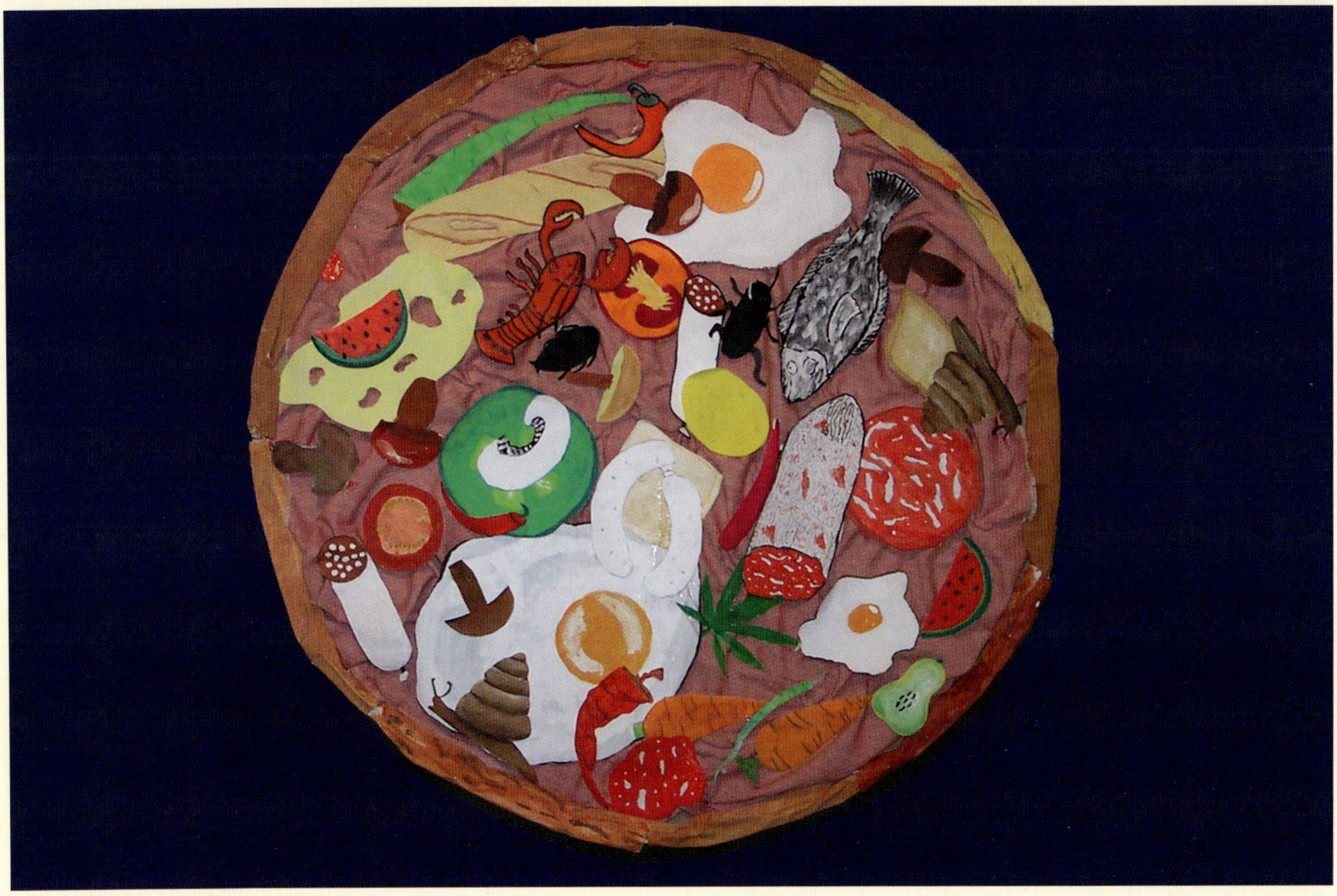

Thema 4 Aus der Luft

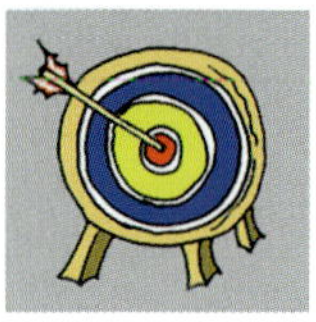

- Hinführung zur Abstraktion
- Verwendung des Formkontrasts

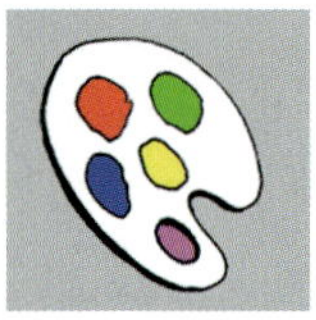

- Zeichenblock und Wasserfarben
- Bleistift

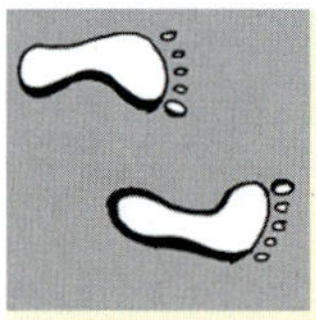

1. Fantasiereise: Anregung (... Du fliegst mit einem Heißluftballon über das Haus, in dem du wohnst, und blickst herab. Alles sieht aus den Luft anders aus: der Garten, die Straße, der Spielplatz, parkende Autos, der Teich mit der Brücke ...)
2. Vorzeichnung: Aus dem Gedächtnis („Mental Map") sollen die Schüler das Wohnumfeld (von oben gesehen) flächig skizzieren.
3. Farbe: Sie kann erscheinungsgetreu (wie in der Wirklichkeit) oder auch verfremdend eingesetzt werden.

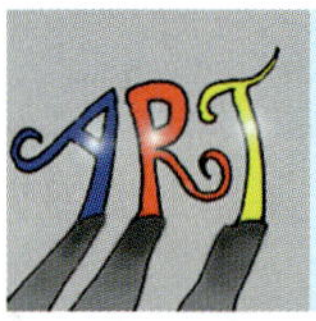

Führt man, wie Mark Rothko (1903–1970) oder Barnett Newman (1905–1970), die Reduzierung auf geometrischen Flächen konsequent fort, bleibt als extreme Abstraktion der Wirklichkeit das „Colourfield Painting" (Farbfeldmalerei).

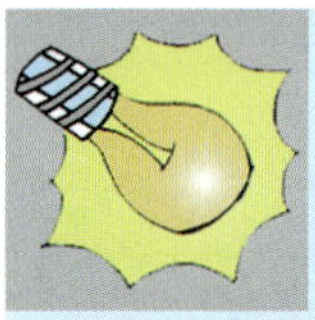

Das Thema eignet sich gut, um den Schülern abstrakte Kunst als Reduzierung der Realität nahezubringen. Es geht hier nicht um die Darstellung des maßstabgetreuen Grundrisses eines Geländes, sondern um die gestalterische Erweiterung einer im Kopf des Schülers bestehenden Realität. Lassen Sie den Schülern freien Lauf bei der Umsetzung.

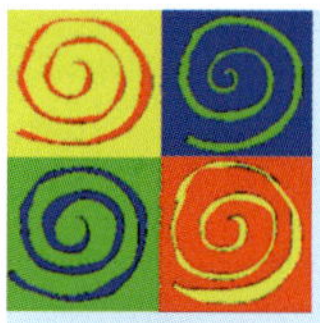

Variation des Themas:

- Ein Luftbildfoto kann mit einem Bildbearbeitungsprogramm am Computer (Filter, Veränderung der Farbskalen etc.) derart verfremdet werden, dass ein abstraktes Gemälde entsteht (siehe Abb. unten).

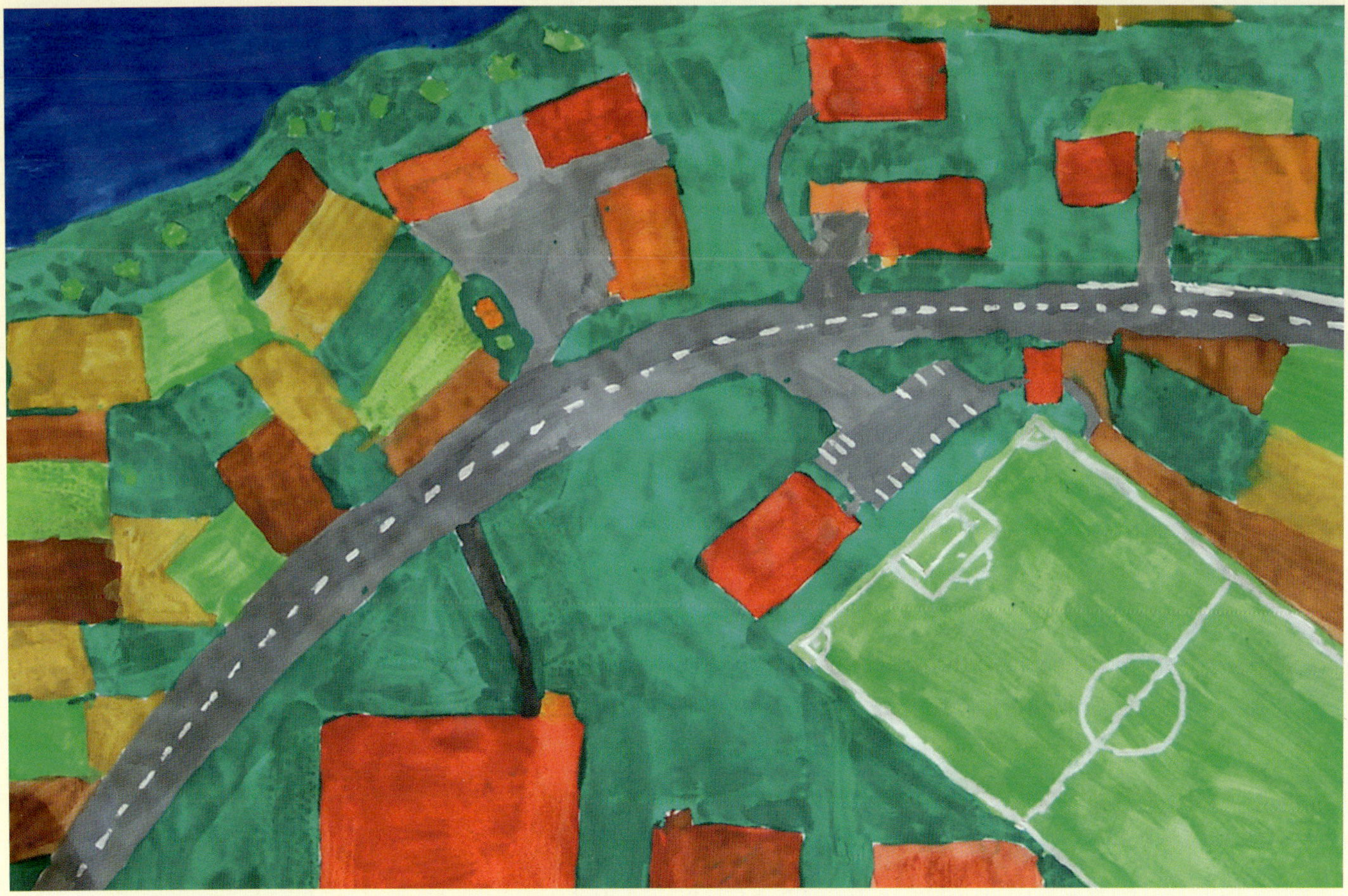

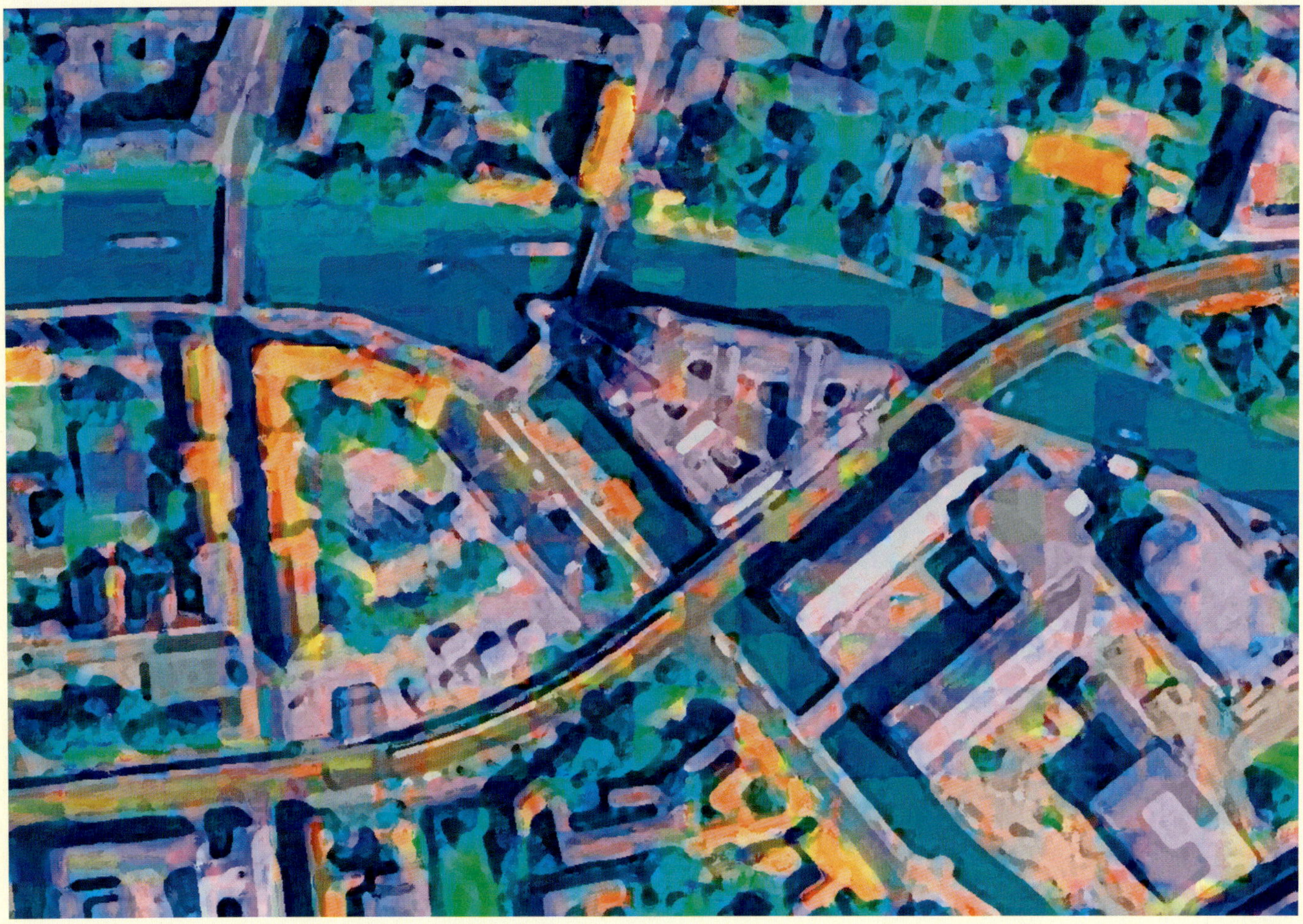

Thema 5 Oktoberfest-Stilleben

- Wirkungsvolle Anordnung von Bildelementen
- Toleranz gegenüber ungewöhnlichen Bildausschnitten
- Prinzip der Farb- und Formökonomie (weniger ist mehr)
- Überschneidungen als bildnerisches Mittel

- Zeichenblock und Wasserfarben
- Bleistift, schwarzer Filzstift
- Evtl. Brezel als Vorlage

1. Brainstorming: Was gehört zu einem bayerischen Frühstück?
2. Die Regel bei der Vorzeichnung ist folgende: Zeichne nur halbe Sachen! (Entgegen der Redensart „Mache keine halben Sachen!“)
3. Falls in der Schule beim Pausenverkauf Brezeln verkauft werden, können die Schüler Anschauungsobjekte besorgen.
4. Die Vorzeichnung sollte „minimalistisch“ sein. Die weiße Fläche ist wesentlicher Bestandteil der Bildwirkung und dient nicht als Hintergrund, sondern als Bildelement wie der Teller und die Tischdecke.
5. Brezel, Weißwürste und Senf sollten wirklichkeitsgetreu gemalt sein.

- Das Salz der Brezel lässt sich mit Tipp-Ex besser und schneller als mit Deckweiß darstellen.
- Die Überschneidungen im Bild sind komplizierter, als sie scheinen. Eine Brezel als Anschauungsobjekt ist hilfreich.
- Das Thema eignet sich gut, den „Horror vacui“, die Angst vor dem leeren Raum, dem Weiß des Formats, bei Schülern abzubauen.

Verschiedene Stillleben in der Draufsicht sind denkbar:

- Dein Arbeitsplatz (Kleber, Schere, Mousepad, Mouse, Stifte …)
- Aus der Pommesbude
- Im Nähkästchen
- Auf dem Operationstisch
- Die Palette des Malers
- Pokertisch
- Französisches Frühstück

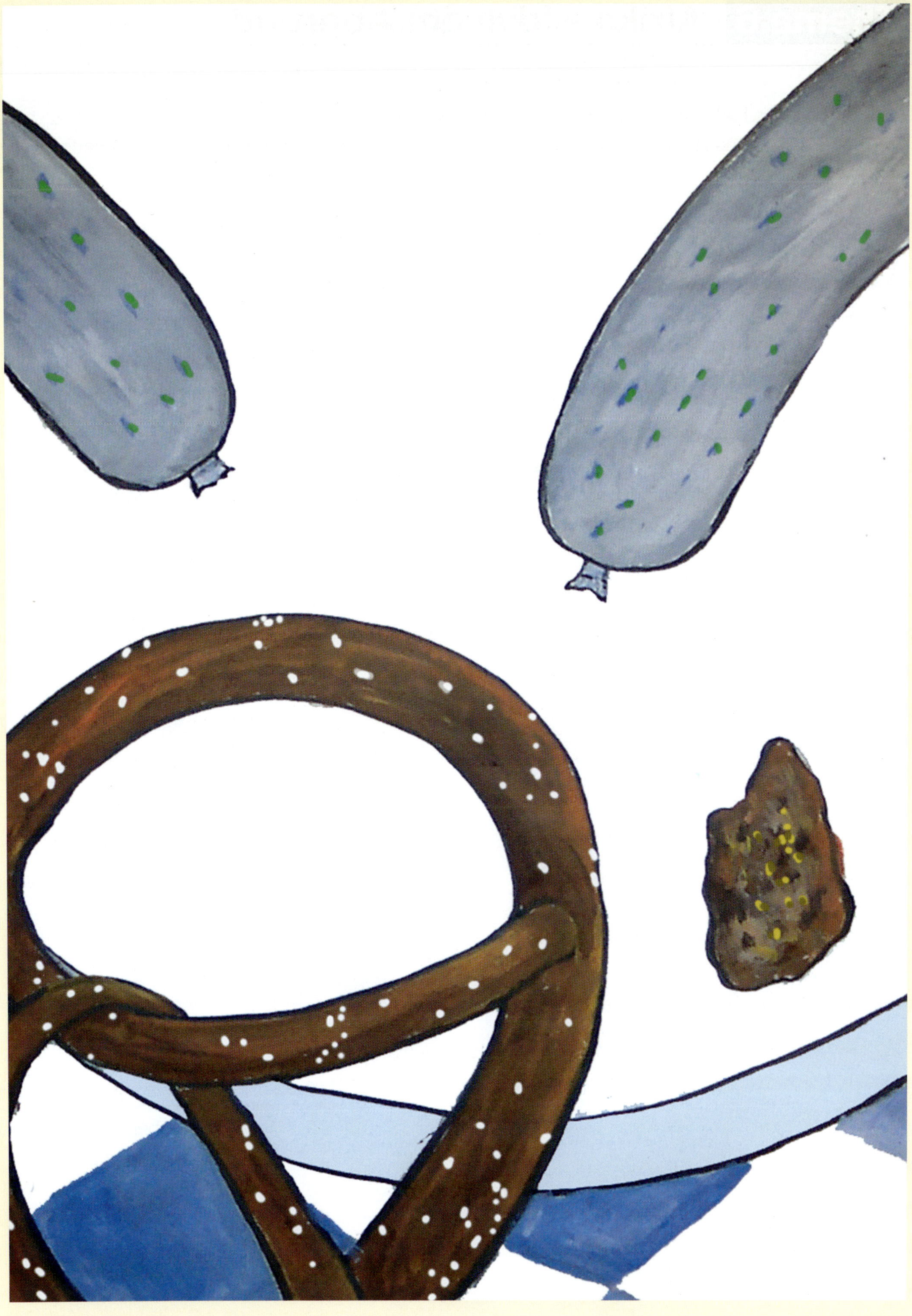

Thema 6 Afrika – Idyll am Abgrund

- Hell-Dunkel-Kontrast als bildnerisches Mittel
- Farbverlauf – Farben abdunkeln und aufhellen – Farben mischen
- Erkenntnis: Dinge erscheinen im Gegenlicht dunkel (wegen des Körperschattens)

- Zeichenblock und Wasserfarben
- Bleistift

1. Hintergrund: Die typische, in Rottönen erscheinende Abendstimmung wird mit gelber, roter, orangefarbener und brauner Deckfarbe gestaltet. Das Auftragen der Farbe erfolgt in horizontaler Strichführung über das ganze Blatt.
2. Der Grund (bzw. Abgrund) wird zunächst nur als gewölbte Kreislinie mit dem Bleistift vorgezeichnet. Die Risse nach unten und die Gräser nach oben hinzufügen.
3. Die Schirmakazie, mit Bleistift vorgezeichnet, sollte so groß sein, dass sie die ganze Bildbreite einnimmt.
4. Bedrohte afrikanische Tiere werden ebenfalls mit Bleistift vorgezeichnet. Unbegabte Schüler können Vorlagen (wie hier) bzw. Pappschablonen erhalten.
5. Die Vorzeichnungen werden schwarz ausgemalt (mit Deckfarbe, Tusche oder Dispersionsfarbe).

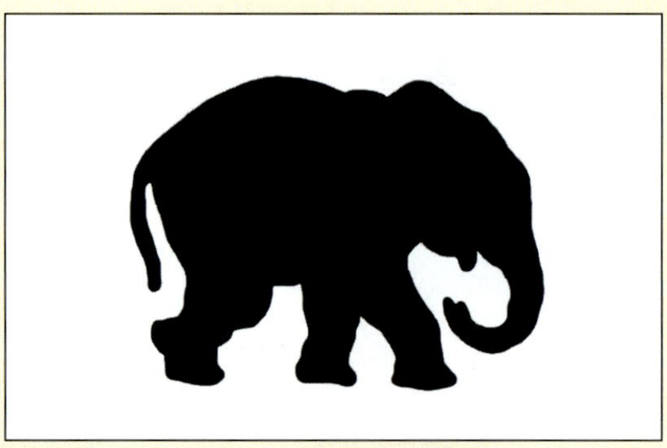

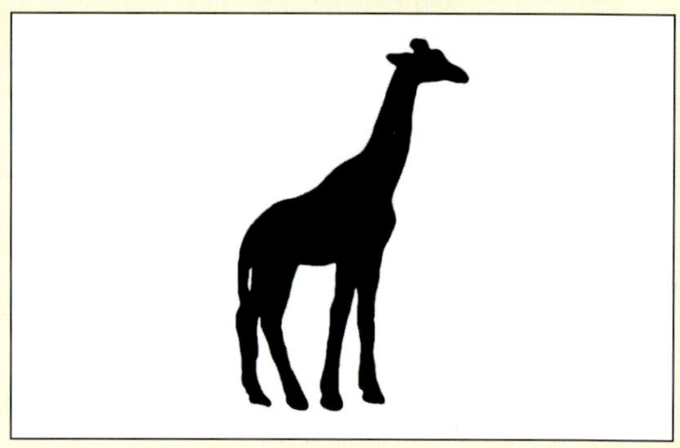

- Zur schnellen Gestaltung des Hintergrunds eignet sich am besten ein breiter Pinsel.

- Die Schüler können Tierschablonen aus Pappe herstellen und untereinander tauschen.
- Variante einer bedrohlichen Szene: Erdbeben in der Fußgängerzone.

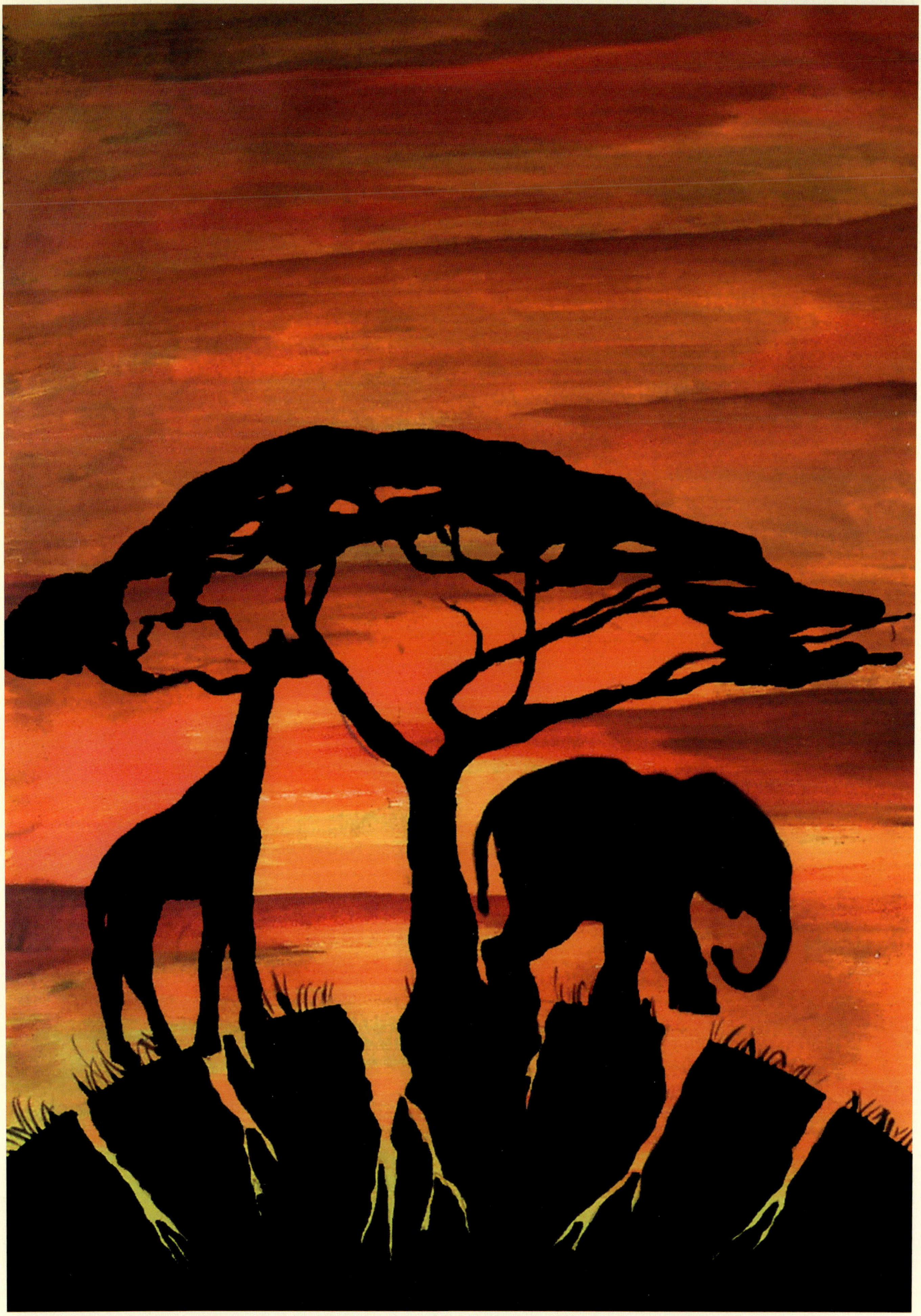

Thema 7 Turm der roten Katzen

- Mischen von Rottönen
- Abstrahierte Darstellung der Physiognomie von Katzen
- Wirkungsvolle Anordnung von Bildelementen

- Zeichenblock
- Malkasten
- Bleistift

1. Vorarbeit für weniger begabte Schüler: Abstrahieren eines Katzenkopfes in Dreiecke.

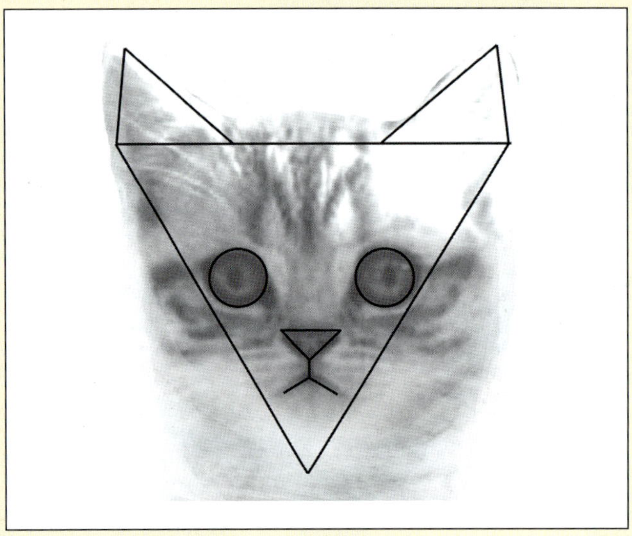

2. Vorzeichnung eines „Katzenturms“: Kleine, große, liegende, stehende, sitzende Katzen bilden einen Turm. Alles ist denkbar: Katzen als Stützen, Katzen, die spielen, kämpfen, schlafen etc.
3. Farbe: Rottöne in den verschiedensten Varianten (gemischt aus Weiß, Gelb, Orange, Rot, Blau, Braun).

Das Thema ist als Analogiethema zu Franz Marcs (1880–1916) „Turm der blauen Pferde“ zu verstehen. Dieses verschollene Gemälde des „blauen Reiters“ ist das wohl meistgesuchte Bild überhaupt. Es soll sich zuletzt im Besitz von Hermann Göring befunden haben.

Schüler lieben Katzen als Motiv. Die Vielfalt bei den Ergebnissen von Schülern unterschiedlicher Altersklassen ist beeindruckend.

Variation des Themas als Analogie:

- Turm der bunten (roten, gelben, blauen …) Papageien

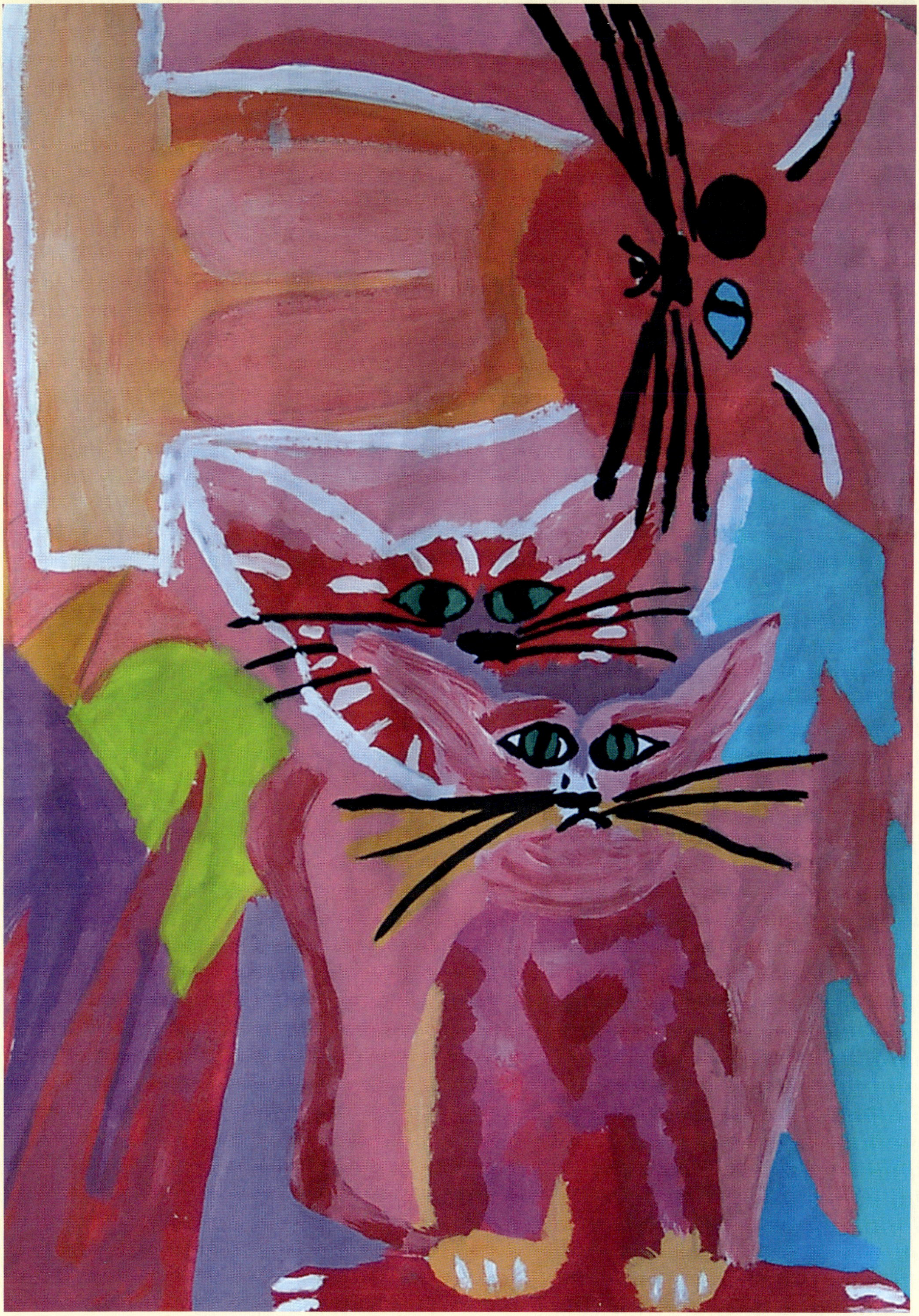

Thema 8 Körperabdrücke

- Figürliches Zeichnen
- Wirkungsvolles Anordnen von Bildelementen
- Toleranz gegenüber ungewöhnlichen Gestaltungsmitteln

- Zeichenblock oder größeres Tonpapier
- Blaue Wasserfarbe
- Bleistift

1. Eine Hand (am besten den Handballen) des Schülers mit viel blauer Farbe bemalen (evt. vom Partner).
2. Die Hand nun auf dem Papier abdrucken. Sie kann auch leicht gerollt werden. Beim Wischen der Hand entsteht ein Bewegungseffekt. Dies mehrmals wiederholen, bis verschiedene Abdrücke das Papier füllen.
3. Die Abdrücke lassen sich nun assoziativ als Figuren deuten. Bewegte (tanzende) Figuren werden um die Abdrücke herum mit Bleistift gezeichnet (siehe Abb. unten links).
4. Die Figuren bleiben weiß, um sie herum wird das Papier vollständig blau bemalt.

Körperabdrücke faszinieren die Menschen seit der Steinzeit. Der Franzose Yves Klein (1928–1962) bemalte nackte Frauen mit blauer Farbe und rollte sie über weiße Leinwand. Diesen Vorgang zelebrierte er als Happening mit Musikuntermalung. Er gilt als der Meister der monochromen (einfarbigen, meist blauen) Bilder.

Eine bereits abgedruckte Hand lässt sich auch ein weiteres Mal ohne erneutes Einfärben abdrucken. So entstehen unterschiedliche Hautstrukturen.

- Mutige Schüler können auch ihre Füße oder Unterarme abdrucken.
- Die fließenden, tänzerischen Bewegungen können durch rote (oder weiße) Farbspuren (Acrylfarbe oder Dispersionsfarbe) betont werden (siehe Abb. unten rechts).

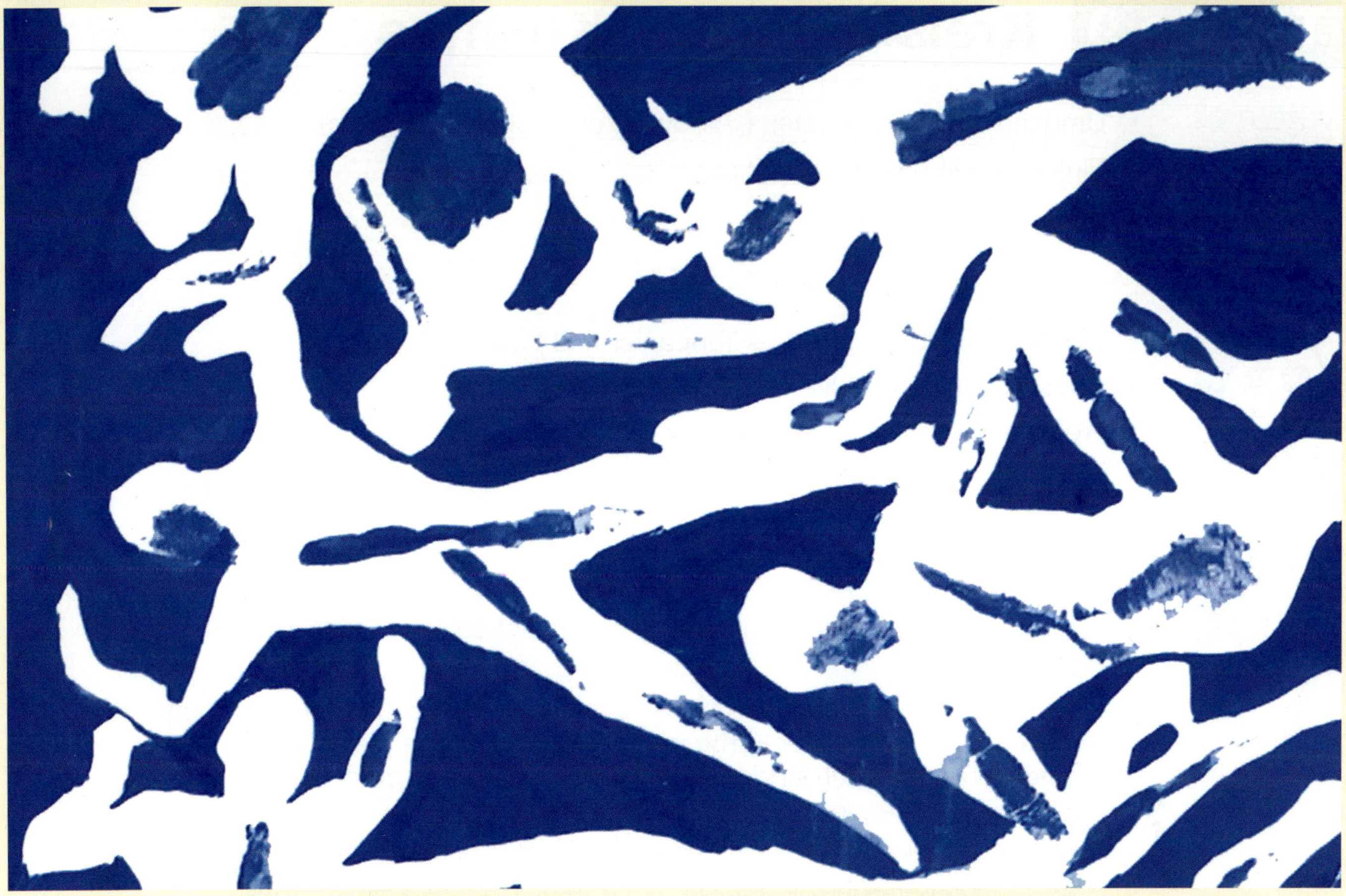

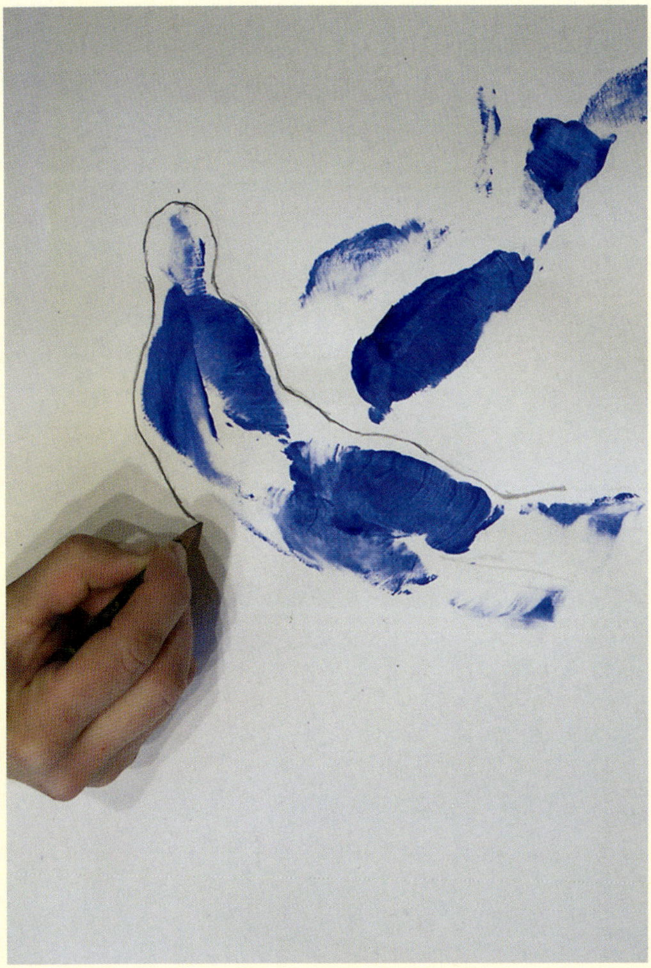

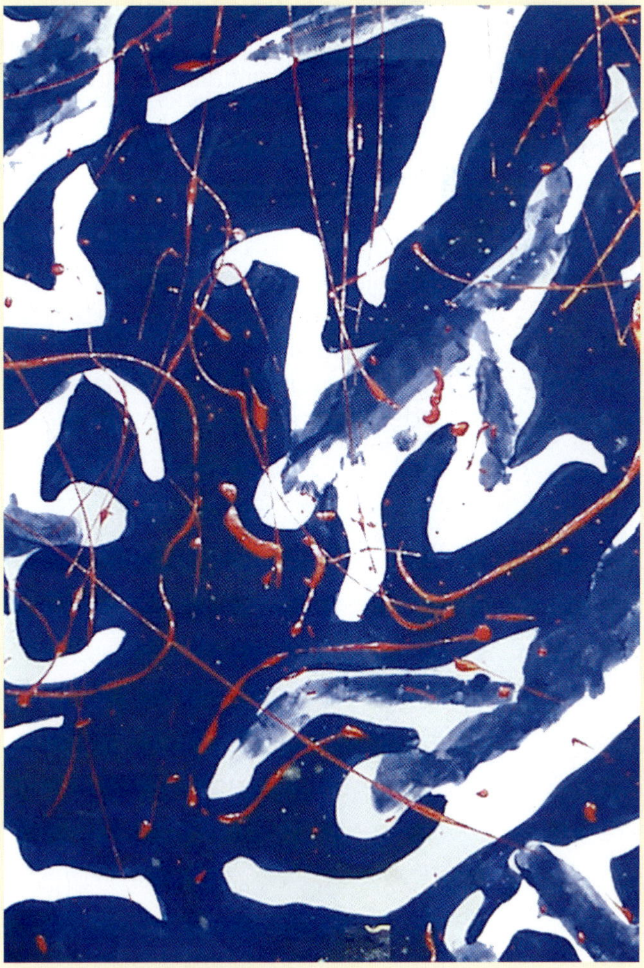

Thema 9 Kreisfantasien: Kosmos

- Umgang mit Kreisformaten („All-over“, ohne oben und unten)
- Einführung in das Drip-Painting
- Hinführung zur Abstraktion

- Zeichenblock oder größeres Tonpapier und Wasserfarben
- Großer Zirkel oder Teller und Schere
- Weiße und schwarze Dispersionsfarbe oder besser Acryllack
- Plane als Unterlage

1. Vorzeichnen des Kreises mit großem Zirkel oder Teller.
2. Hintergrund: Mit Deckfarben wird ein „kosmischer“ Hintergrund in Blautönen gestaltet.
3. Nach dem Trocknen die Scheibe auf den Boden (Plane als Unterlage) legen und mit schwarzer und weißer Farbe (am besten Acrylfarbe) bespritzen. Dazu mit einem dünnen, wenn möglich langen Pinsel Farbe locker aus dem Handgelenk heraus auf die Scheibe schleudern. Bei gut fließender Farbe kann der Pinsel auch in ruhigen Bewegungen über die Scheibe geführt werden. So lässt sich der Zufall steuern.
4. Präsentation der Scheibe auf weißem oder schwarzem Hintergrund.

„Drip-Painting“ hat der Amerikaner Jackson Pollock (1912–1956) zur Kunstform erhoben. Pollock gilt als berühmtester Vertreter des „Action-Paintings“ und des Abstrakten Expressionismus.

Acryllack auf Wasserbasis tropft, spritzt und läuft besser als Dispersionsfarbe. Oft erhält man sie günstig in Discountern oder Baumärkten.

- Statt Papier oder Karton kann man auch Holzscheiben bemalen und bespritzen.
- Variation in der Thematik: z. B. Dschungel (siehe Abbildung unten links), „Wer hat Angst vor Rot, Gelb, Blau?“ (siehe Abbildung unten rechts) etc.

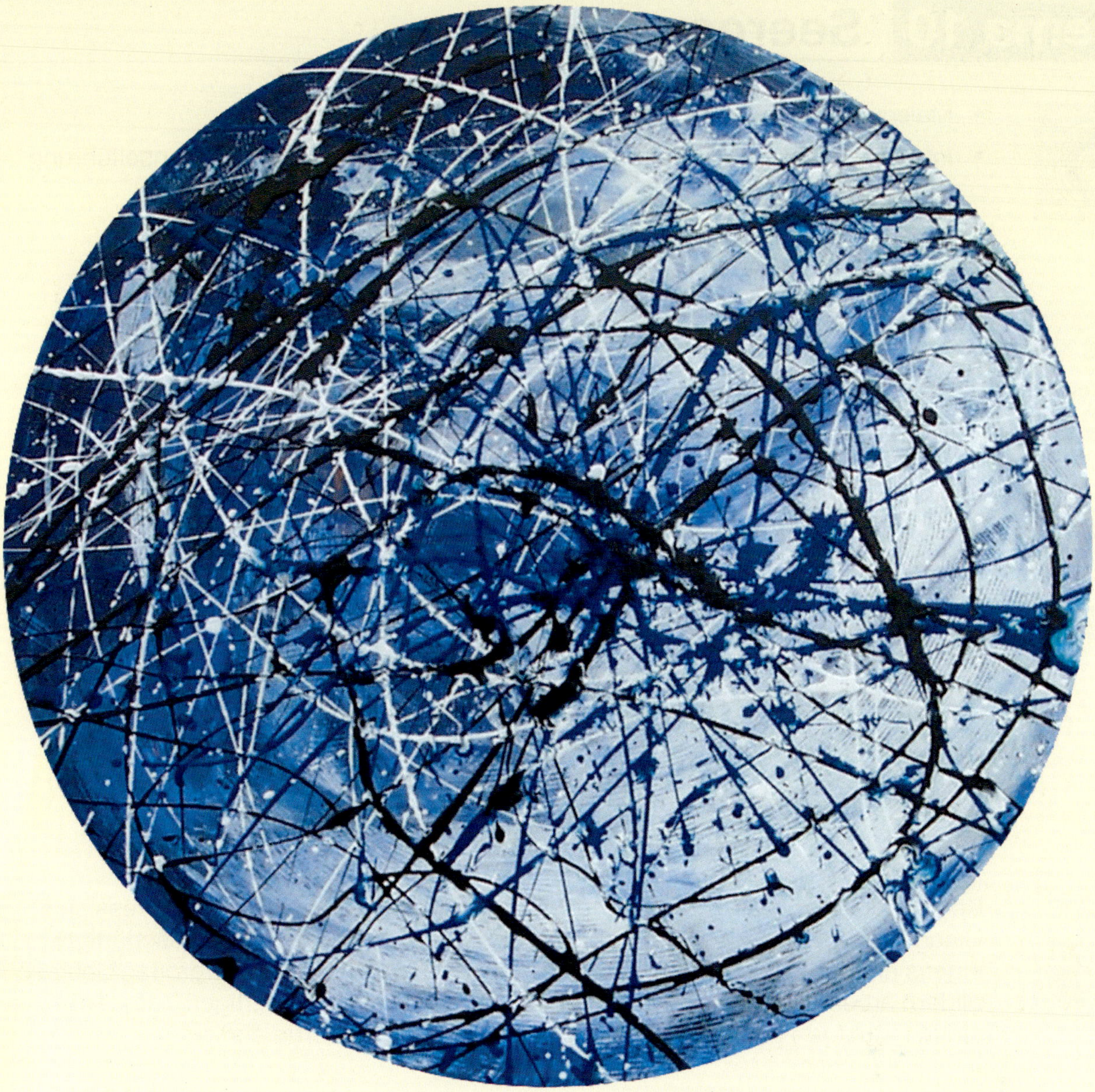

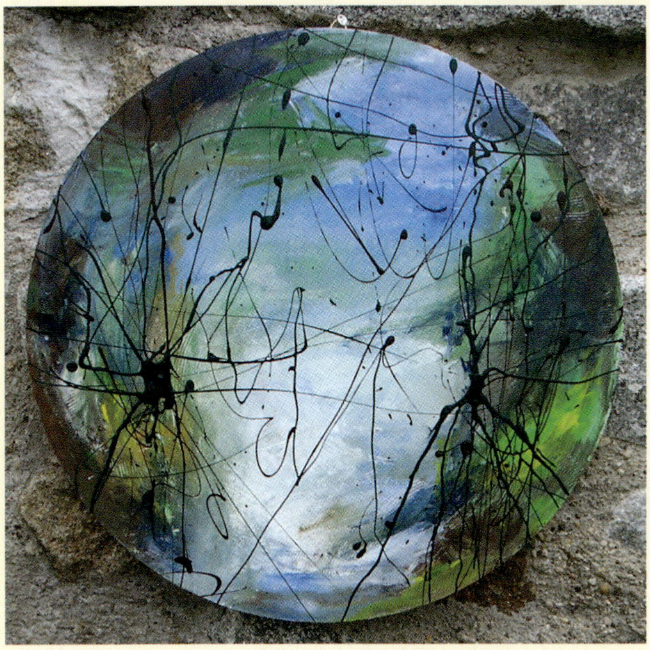

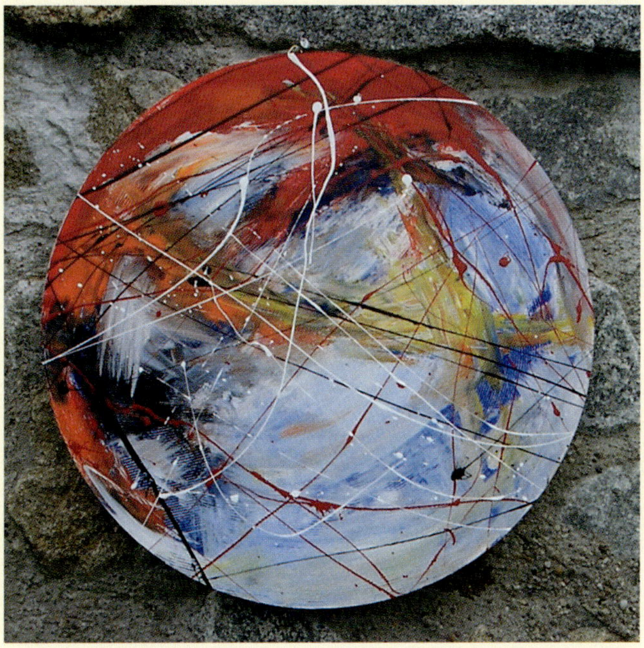

Thema 10 Seerosen

- Malerische Darstellung von Wasser und Wasserpflanzen
- Impressionistische Gestaltungsweise im Hinblick auf Farbe und Pinselführung („Duktus“)

- Zeichenblock
- Malkasten
- Bleistift

1. Malen des Wassers: flott, mit breitem Pinsel, verschiedene Blautöne, horizontale Pinselführung
2. Vorzeichnen der Seerosenblätter (Ovale) mit Pinsel und blauer Farbe
3. Gestaltung der Wasserpflanzen in vertikaler Pinselführung mit Gelb- und Grüntönen
4. Anordnen und Malen der Blüten

Pointilistische Variante: Die Farbe wird fleckhaft aufgetragen (siehe Abb. unten).

Keiner hat Seerosen so häufig und leidenschaftlich gemalt wie der Impressionist Claude Monet (1840–1926). In seinem Garten in Giverny bei Paris beschäftigte er eigens einen Gärtner zur Pflege seiner Seerosen. An seinen metergroßen Seerosenbildern arbeitete er manchmal jahrelang. Seine mit flottem, heftigem, grobem Pinselstrich („Duktus“) gemalten Bilder beeinflussten die Moderne stark.

Zur Vorzeichnung verwenden Künstler gerade bei solchen Themen statt eines Bleistifts blaue Deckfarbe. Diese wird teilweise übermalt oder ist auch Gestaltungsmittel.

Gruppenbild:

- Seerosenbilder einzelner Schüler kann man zu einem großen Teich zusammenkleben.
- Je vier Schüler sitzen um einen großen Papierbogen und malen gemeinsam gleichzeitig an einem Teich.

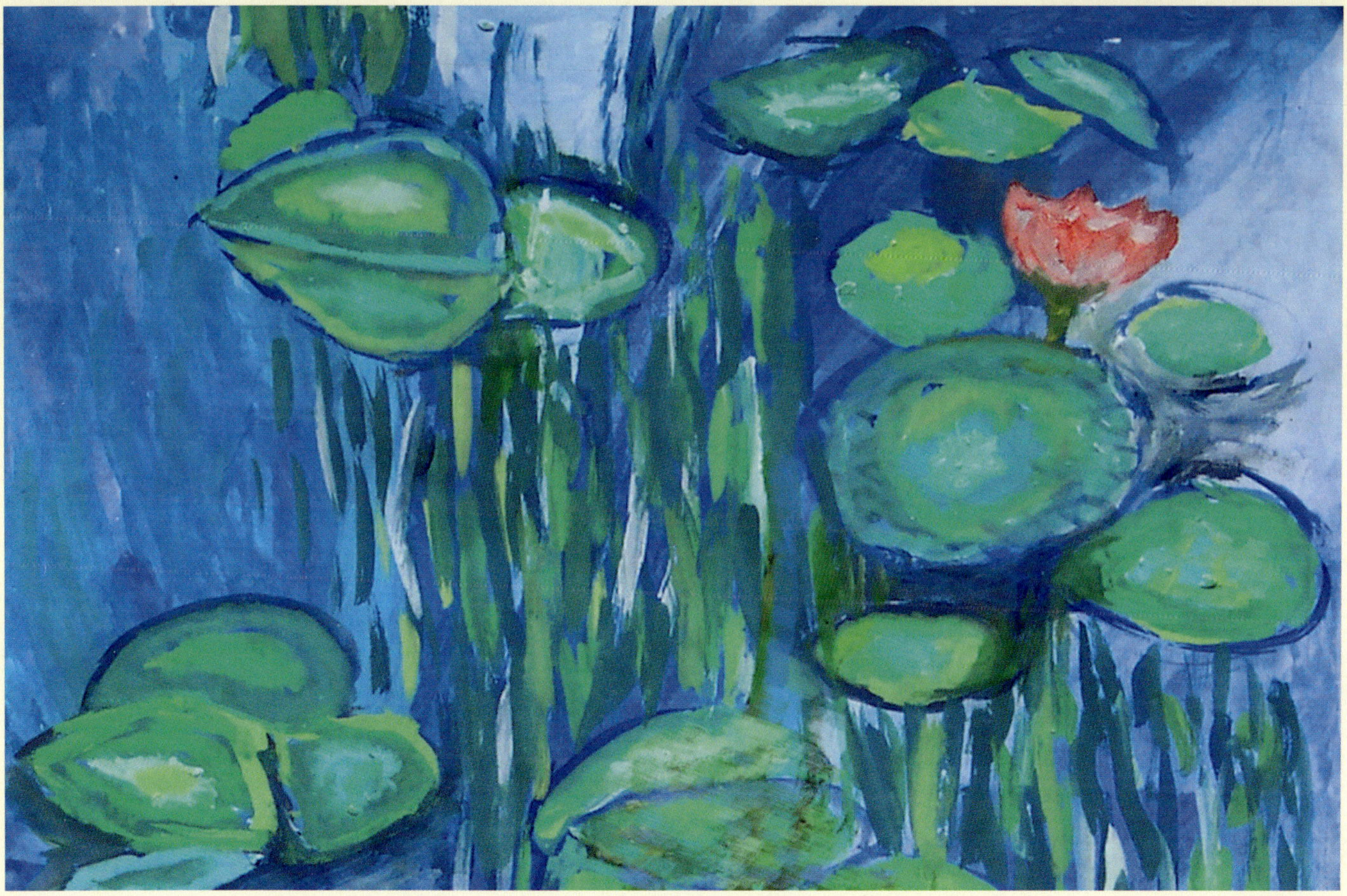

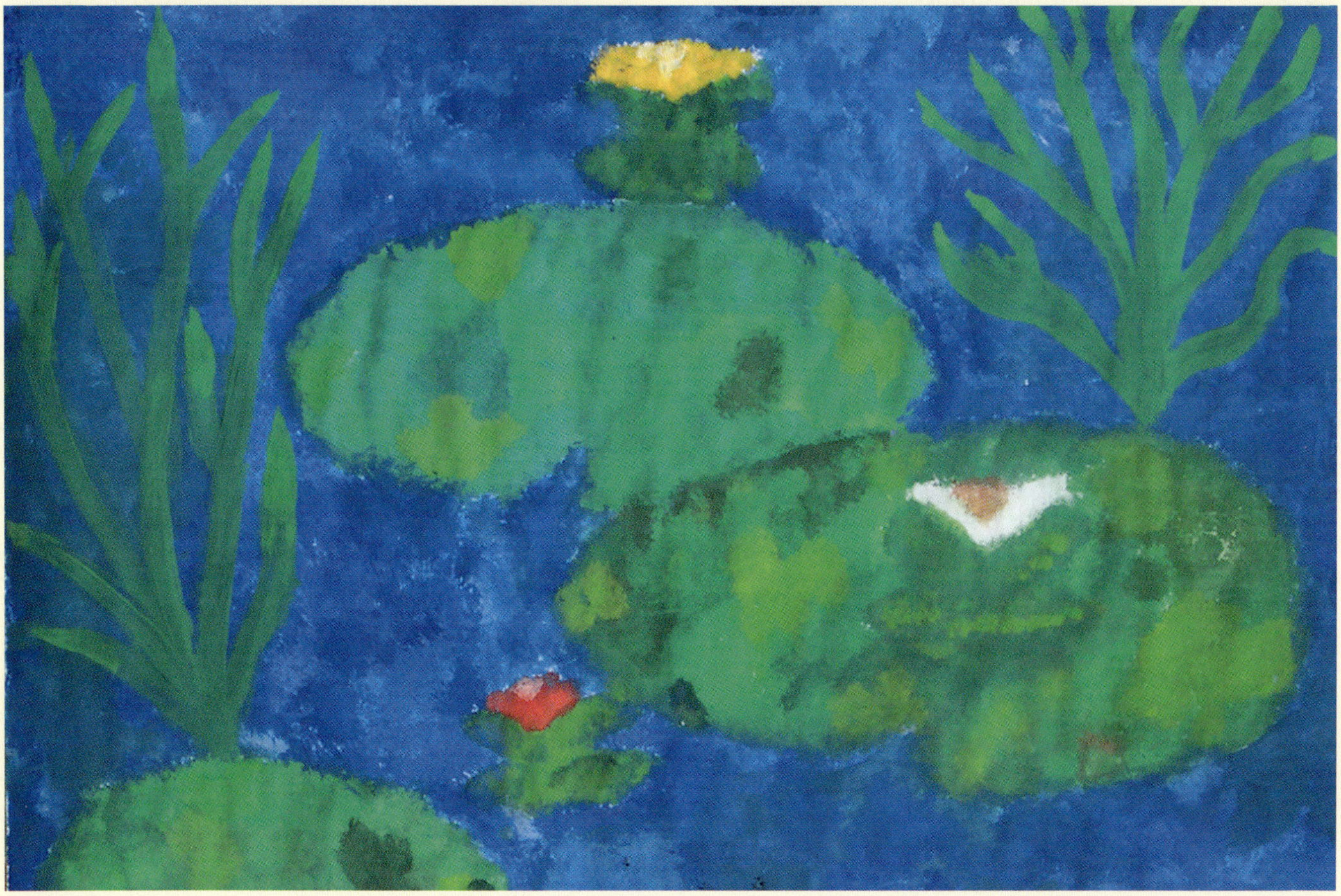

Thema 11 „Rudern zwei …“

- Hell-Dunkel-Kontrast als bildnerisches Mittel
- Glaubhafte Darstellung von Wasser
- Illustration eines Gedichtes

- Zeichenblock und Wasserfarben
- Zirkel
- Bleistift
- Fineliner oder Feder und Tusche

1. Den Mond im oberen Bildviertel mit dem Zirkel vorzeichnen.
2. Die Horizontlinie knapp unter die Mittellinie des Blattes setzen.
3. Das Mondlicht erstreckt sich als Wasserspiegelung von der Horizontlinie aus nach unten breiter werdend. Die „Flecken“ werden mit Bleistift vorgezeichnet.
4. Farbe: Das ganze Bild ist auf vier Farben reduziert: Mond und Spiegelung bleiben weiß, der Himmel und Teile der Spiegelung sind blau-grau, das Meer dunkelblau.
5. Das Gedicht von Reiner Kunze (geb. 1933) wird mit Tusche oder Fineliner in den Himmel geschrieben oder auf Folie kopiert (wie in der Abb.) und über das Blatt gelegt. Diese schützt als Glasersatz das gerahmte Bild.

Gedichtillustrationen eignen sich sehr gut für den Kunstunterricht, da Schüler gerne Texte in Bilder übersetzen.

Interessant wird es vor allem dann, wenn das Gedicht als Text im Bild erscheint. Die Möglichkeiten der Kombination sind unzählig: zentriert, bündig, als Wasserzeichen, als Geheimschrift, spiralförmig, kreisförmig, als Sprechblase, als Spiegelschrift, auf dem Kopf stehend, als Welle, in Stein gehauen.

Der Inhalt des Gedichts lässt sich auch konkreter (das Boot, die Sterne) visualisieren:

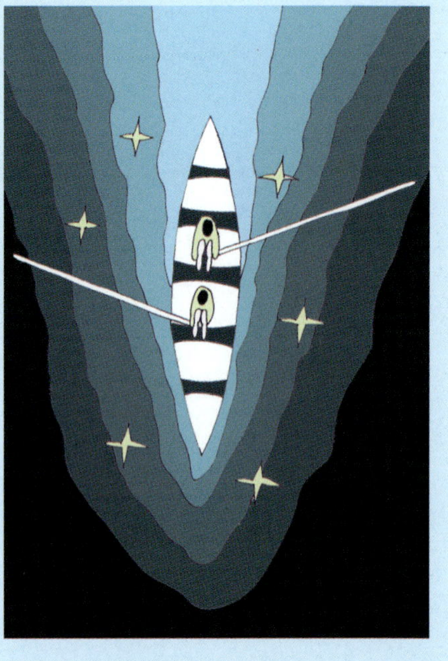

Alternatives Gedicht:

Zwei Segel
(Conrad Ferdinand Meyer)

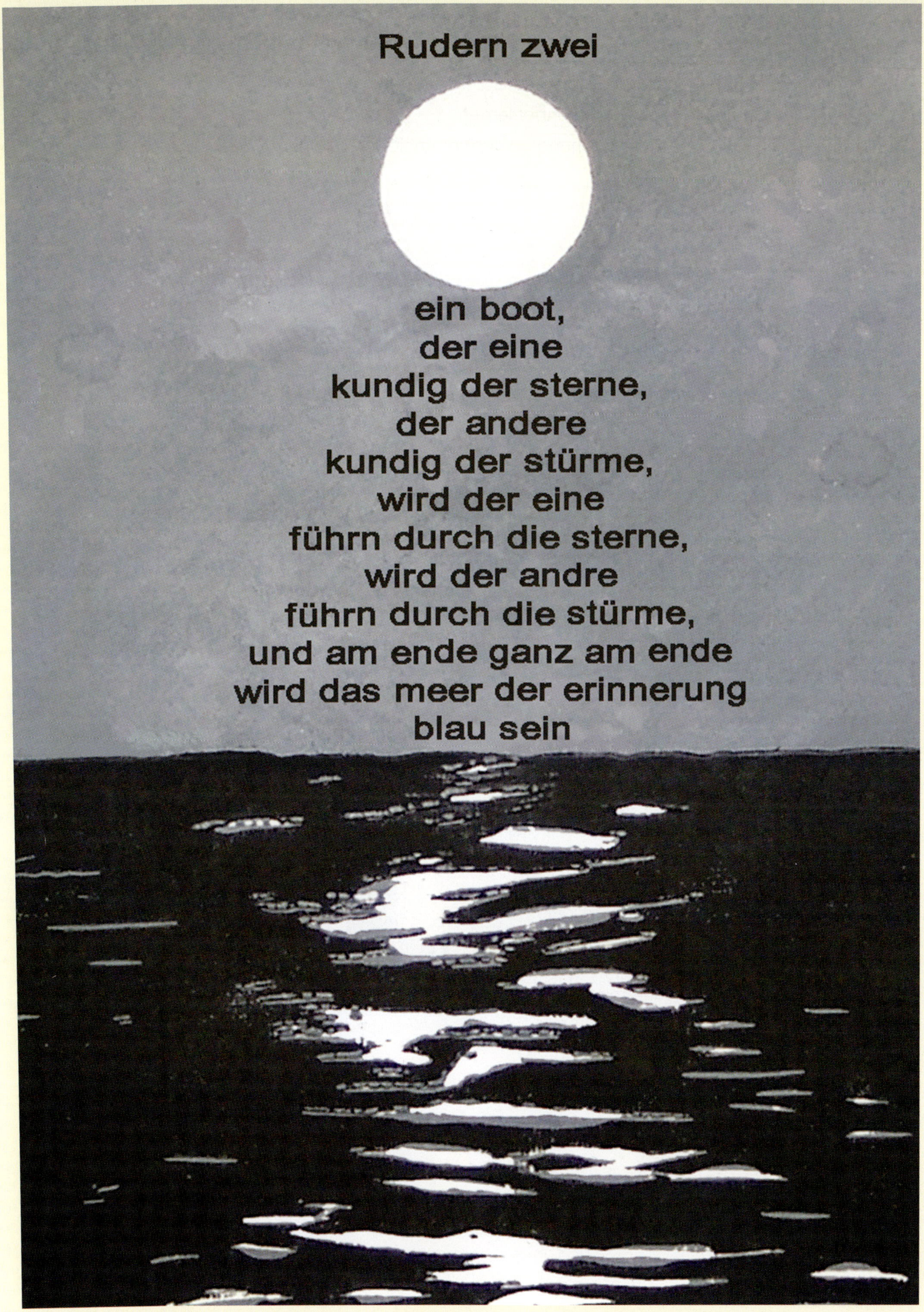

Rudern zwei

ein boot,
der eine
kundig der sterne,
der andere
kundig der stürme,
wird der eine
führn durch die sterne,
wird der andre
führn durch die stürme,
und am ende ganz am ende
wird das meer der erinnerung
blau sein

Thema 12 Janus

- Einführung in den Kubismus
- Simultanperspektive kennenlernen
- Wirkungsvolle Anordnung von geometrisierten Bildelementen

- Zeichenblock
- Malkasten
- Bleistift

1. Thematische Einführung: Janus als römischer Gott des Eingangs und des Ausgangs hat zwei Gesichter. Doppelgesichter werden häufig auch als Zwiespältigkeit interpretiert.
2. Vorgehen: Das Blatt in der Mitte durch einen feinen Bleistiftstrich teilen. An dieser Stelle sind die beiden Gesichter „zusammengewachsen“. Das eine Gesicht blickt als Profil nach rechts, das andere nach links. Das Auge können sich die Gesichter teilen. Nun werden fantasievoll die Bildelemente ergänzt. Haare oder Kopfbedeckungen, Münder, Schmuck etc. Es können auch Fähigkeiten zugeordnet werden (Röntgenblick, ausrollbare Chamäleonzunge …).
   Simultanperspektive (als Stilelement des analytischen Kubismus) heißt hier: Der Kopf wird gleichzeitig von verschiedenen Seiten flächig dargestellt. Daher mehrere Nasen, zwei Profile …

Es war der unglaublich kreative Pablo Picasso (1881–1973), der spielerisch mit den Ansichten von Köpfen, Instrumenten etc. umging. Durch das Zerlegen in geometrische Elemente und das neue Zusammenfügen entwickelte er zusammen mit Georges Braque den Kubismus.

Achten Sie auf große Bildelemente. Haare können z. B. durchaus eine ganze Bildhälfte einnehmen.

Thematische Variation: Betonung der Bipolarität: Alter Ego, das zweite Gesicht, Dr. Jekyll und Mr. Hyde …

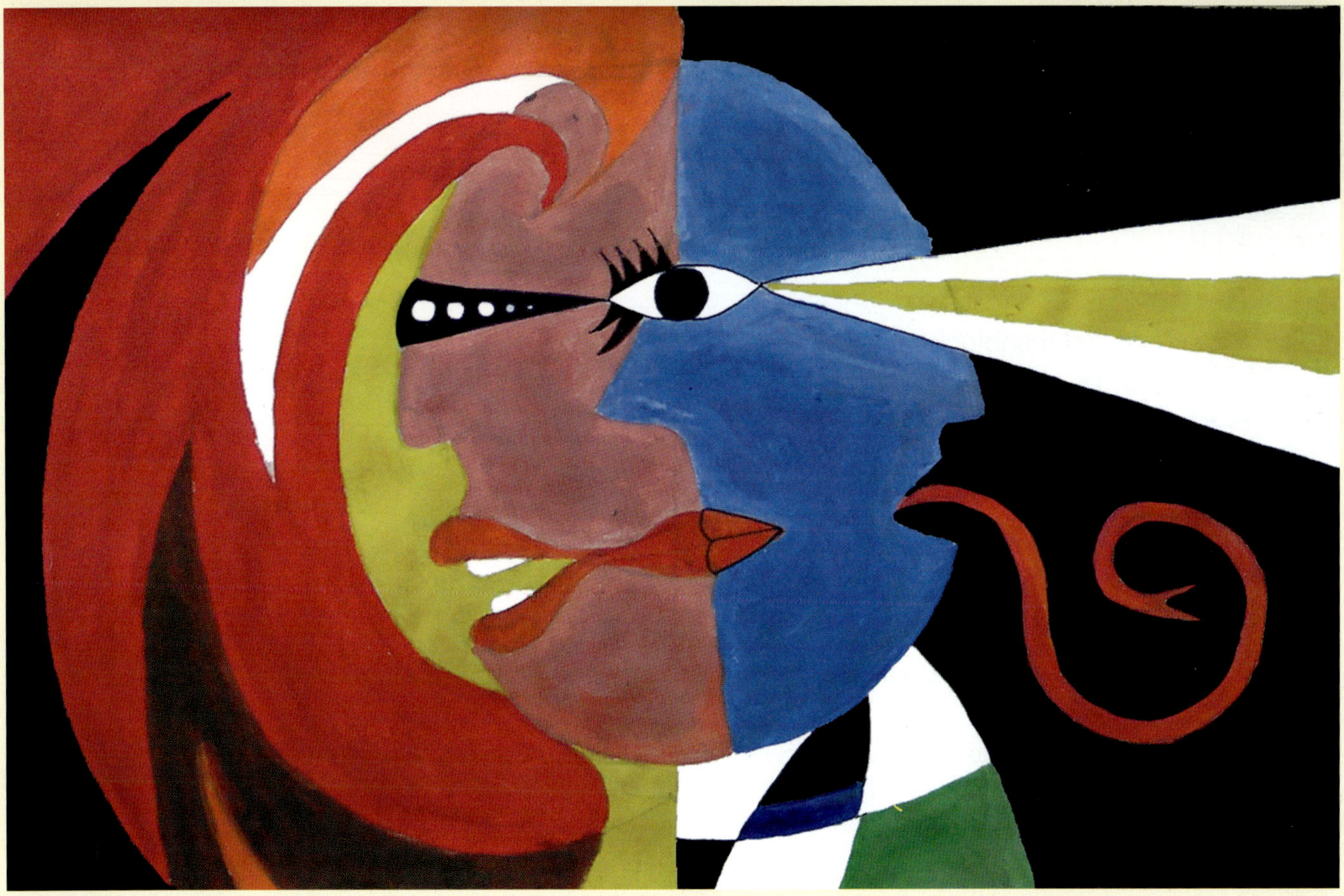

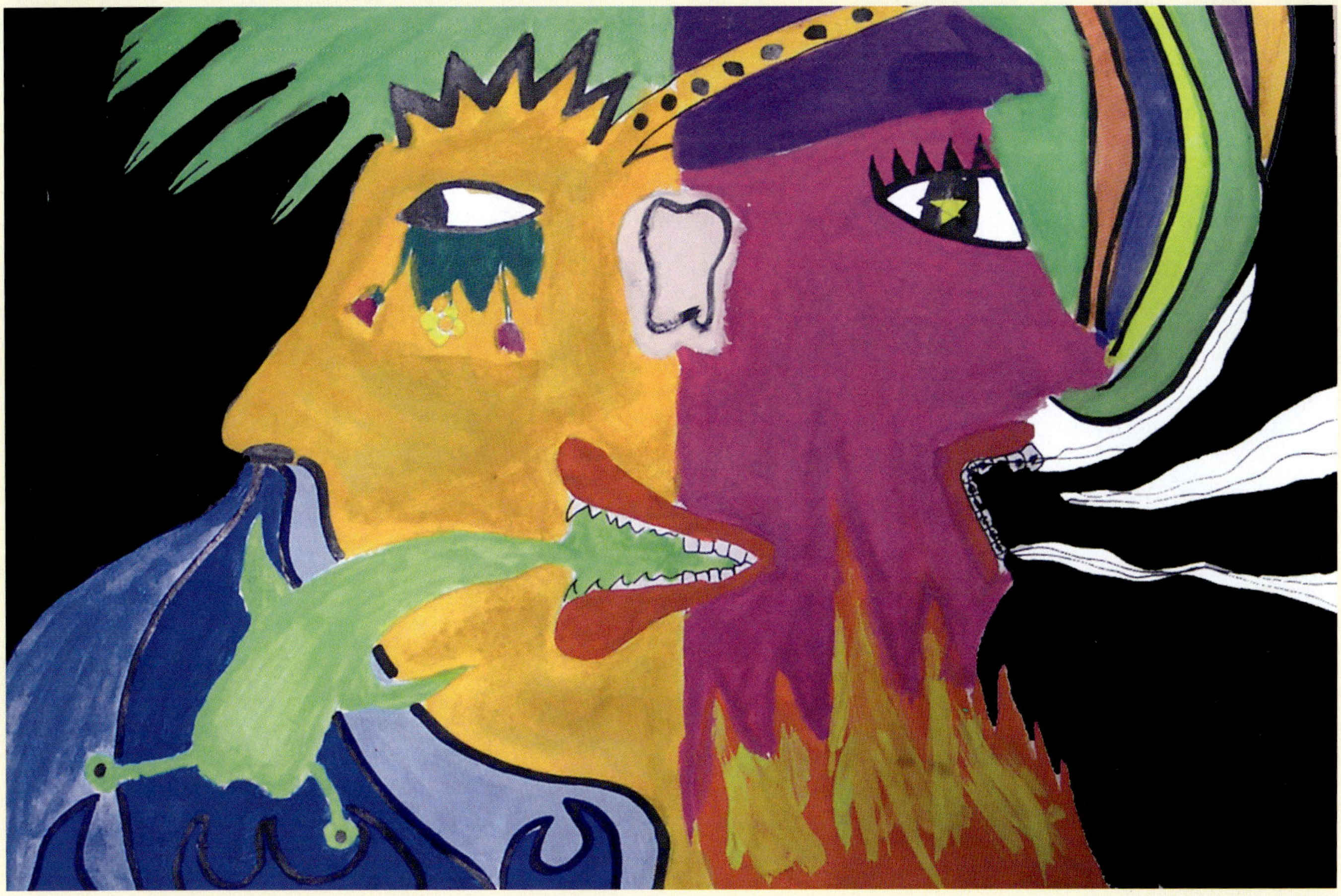

Thema 13 Im Sog des Blau

- Mischen von Blautönen
- Darstellung von Wasser, Wellen und Wolken
- Malerischer Umgang mit Farbe

- Zeichenblock
- Bleistift

1. Eine große Spirale wird unter der Blattmitte formatfüllend vorgezeichnet.
2. Den Vordergrund dominieren Wellen.
3. Den Bildhintergrund teilt eine Horizontlinie. Wasser und Wolken werden hinzugefügt.
4. Beim Malen geht es hier weniger um exakte Formen, sondern um ein „Formen“ von Farbe. Die Schüler sollen verschiedene Blautöne anmischen und pastos (dicke Konsistenz) auftragen.

Das Darstellen von Wellen, Wasser, Wolken und Himmel fasziniert Menschen, ist aber relativ schwierig. Auch „große“ Himmel- und Wasser-Maler wie die Romantiker (William Turner, Caspar David Friedrich) oder Impressionisten (Claude Monet, Alfred Sisley) hatten ihre Mühe damit. Das hier besprochene Thema bietet ein Ausprobieren mit wenig Gefahr des Scheiterns, da es nicht um eine realistische Wiedergabe geht. Das Bild wirkt eher durch seine malerische Art.

In diesem Fall kann die Farbe (Deckweiß oder Acryl) auch direkt aus der Tube auf das Papier gedrückt werden. Das kommt dem Charakter der „geformten Farbe“ nahe.

Variation des Themas:

- Ein Schiff wird vom Strudel nach unten gezogen
- Im Eismeer

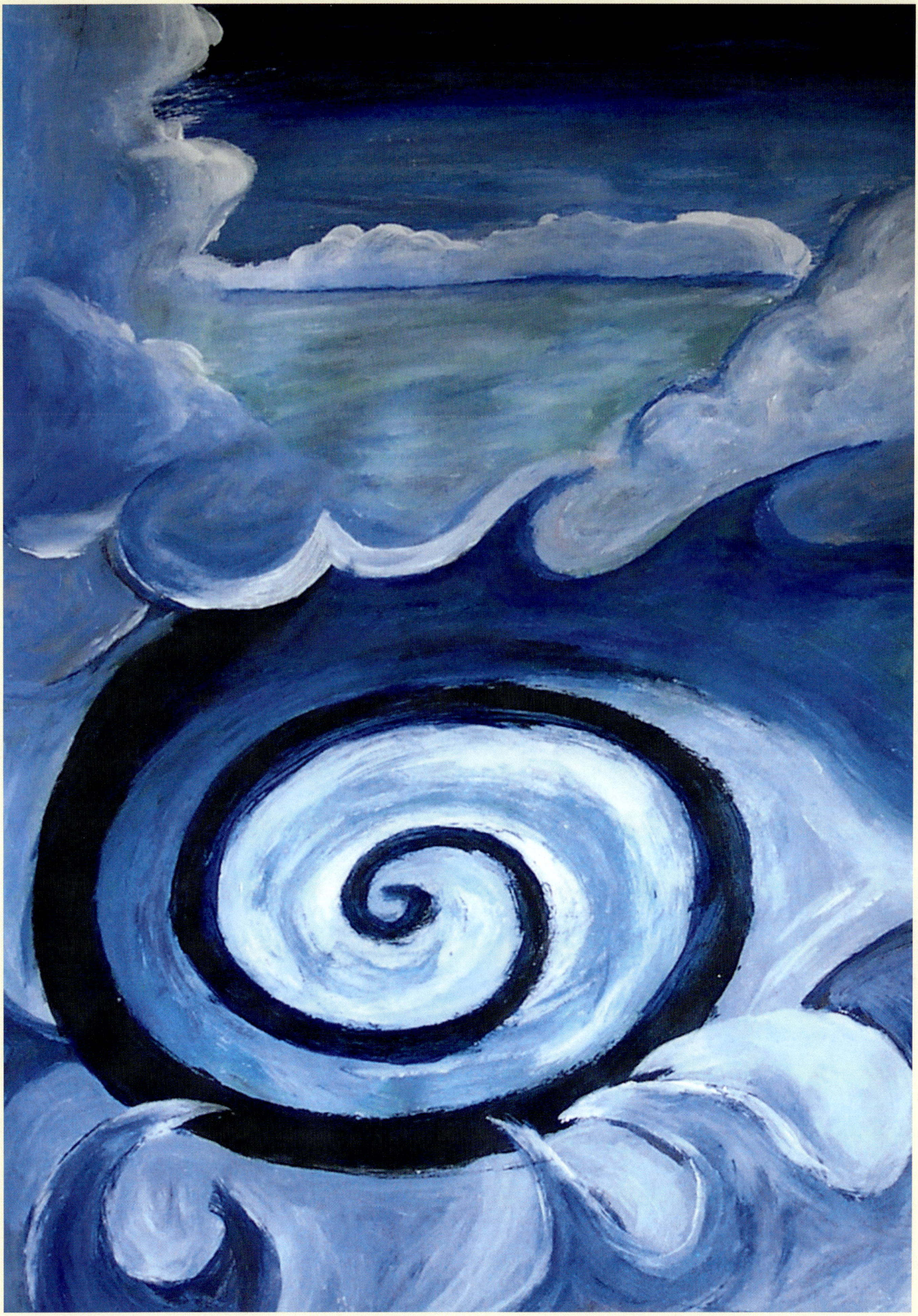

Thema 14 Kristallkomplex

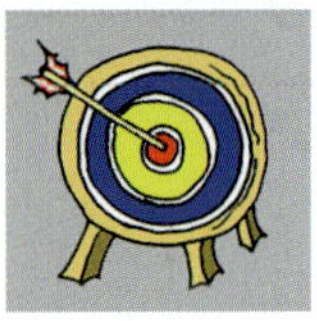

- Einführung in den Kubismus
- Geometrische Abstraktion der Realität

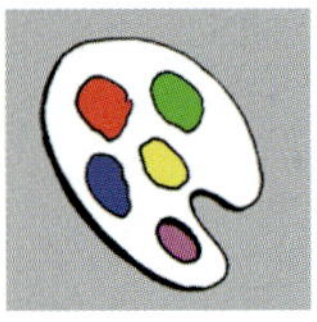

- Zeichenblock und Malkasten
- Langes Lineal
- Bleistift
- Evtl. Fotos von Gebäuden

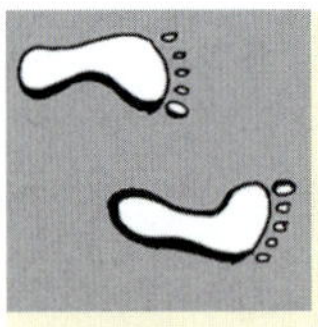

1. Die Schüler betrachten Fotos von Gebäuden (Kirchen, Burgen, Türme ...). Einzelne markante Elemente werden stark vereinfacht mit Lineal in die Bildmitte gezeichnet.
2. Mit einem langen Lineal einige der schon vorhandenen Linien bis nach außen zum Blattrand verlängern, so dass bereits eine Bildeinteilung in große Felder entsteht.
3. Im Bildzentrum weitere Linien mit Lineal einziehen, so dass sich der Gebäudekomplex verdichtet. Nach außen hin bleiben die Felder großflächig.
4. Für die farbige Gestaltung gibt es viele Varianten:
   - Das Gebäude in der Mitte kann sich farblich abheben
   - Das gesamte Bild kann Ton in Ton gemalt werden
   - Reduktion der Farbpalette auf wenige Farben

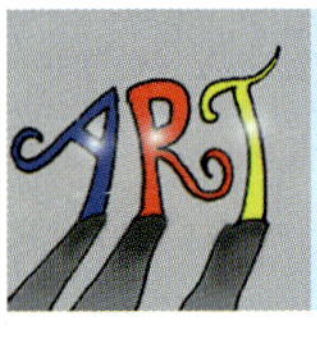

Pablo Picasso (1881–1973) und sein Freund Georges Braque (1882–1963) entwickelten 1908 gemeinsam den Kubismus, indem sie einen Übergang von der Gegenständlichkeit zur Abstraktion suchten.

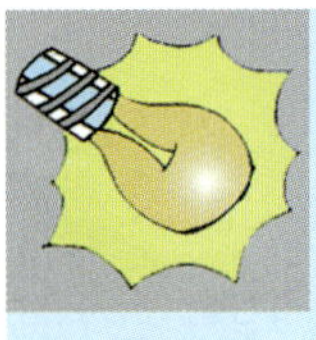

Es ist ein Gerücht, dass Maler alles frei Hand zeichnen. Auch sie bedienen sich, wenn nötig, verschiedener Hilfsmittel wie Zirkel und Lineal.

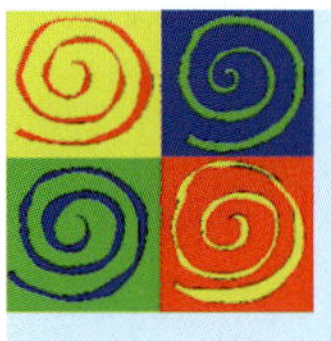

Thematische Variation:

- Eiskristallpalast (in kühlen Blautönen)

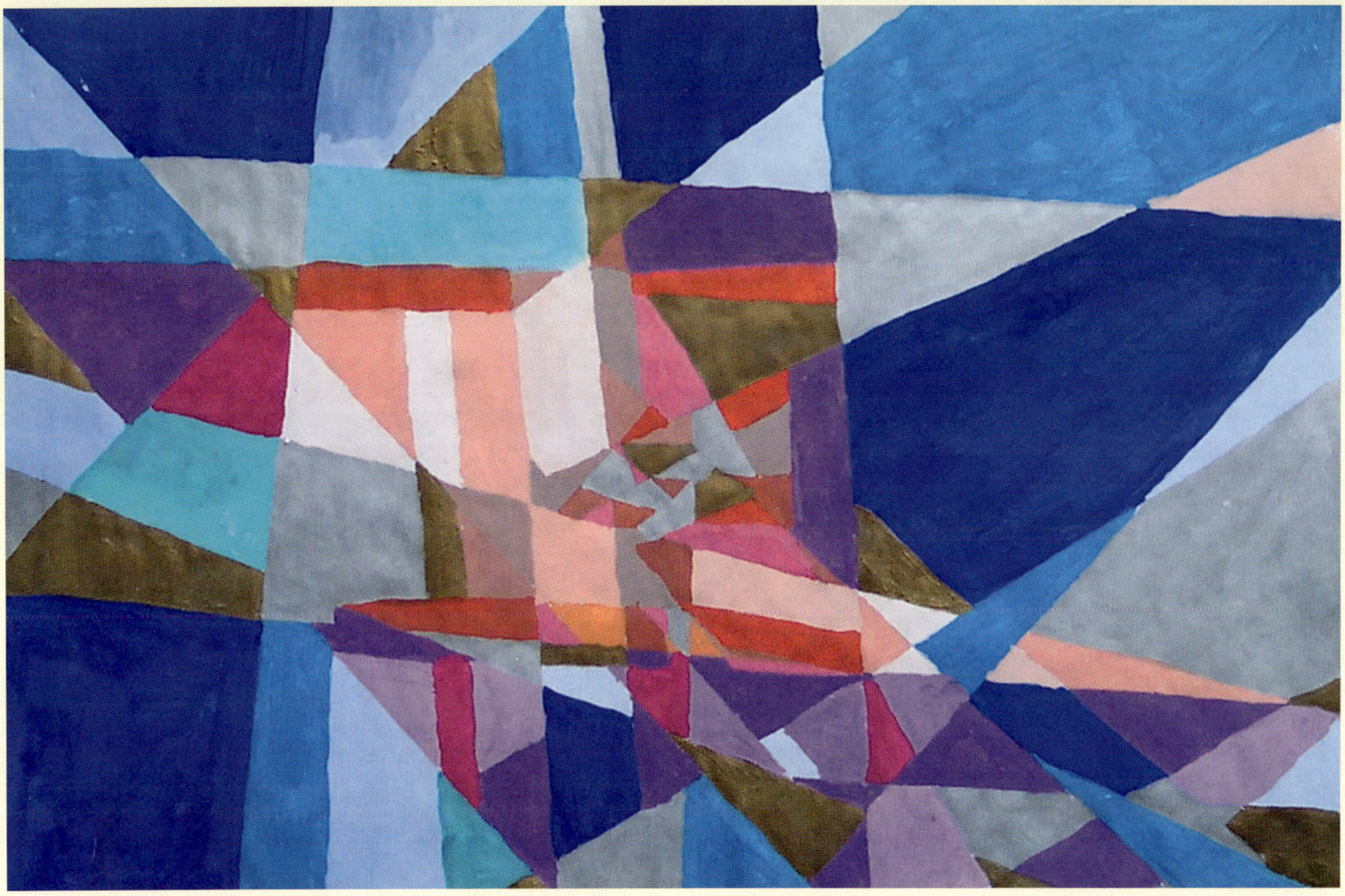

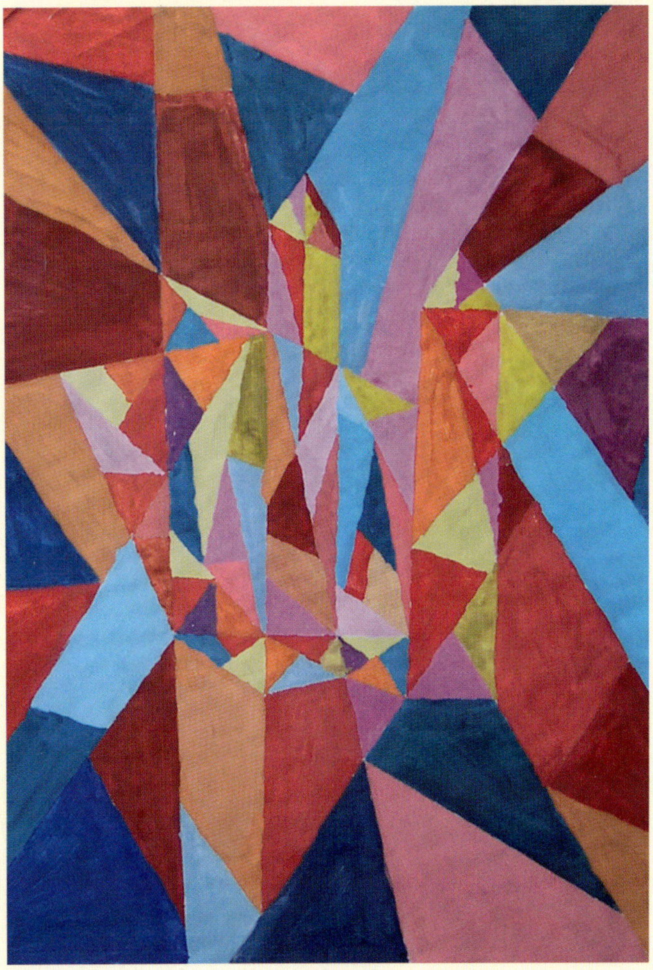

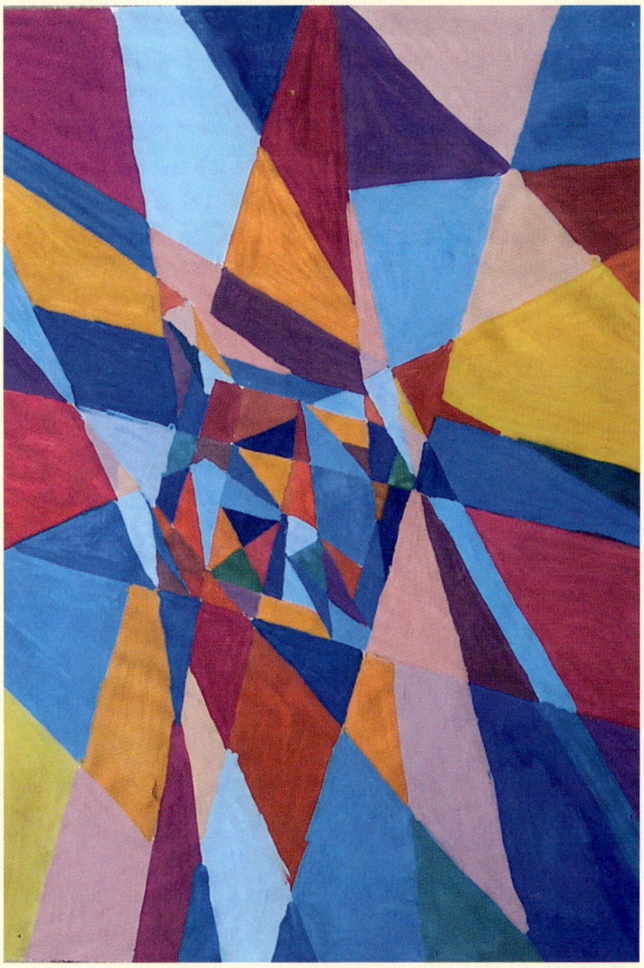

Thema 15 Spiegelei

- Einführung in den Fotorealismus
- Erscheinungsgetreue Wiedergabe von Objekten

- Zeichenblock
- Malkasten
- Bleistift
- Zirkel

1. Den Umriss der Spiegeleis als unregelmäßige Form mit Bleistift skizzieren.
2. Das Dotter mit Zirkel leicht vorzeichnen. Die runde Form erhält an 2–3 kleinen Stellen Einkerbungen.
3. Oben einen Nagel perspektivisch vorzeichnen.
4. Glanzlichter beim Dotter bleiben weiß, der Rest des Dotters wird gelb bemalt. Einige wenige Stellen erhalten orange Schattierungen, um Plastizität zu erzeugen.
5. Ein grauer Schatten umgibt das Eiweiß. Er ist schmal, aber an einer Seite breiter und dunkler.
6. In das Eiweiß werden mit sehr hellem Blau einige Spuren gemalt, die der Plastizität dienen.
7. Der Hintergrund kann beliebig gestaltet werden.

Der wohl bekannteste Fotorealist ist der Amerikaner Richard Estes (geb. 1936). Seine Straßenszenen mit Spiegelungen in Schaufenstern wirken erschreckend realistisch. Der Amerikaner Chuck Close (geb. 1940) und der Schweizer Franz Gertsch (geb. 1930) beeindrucken durch hyperrealistische Porträts.

Schüler mögen Fotorealismus, haben aber Angst, an der Umsetzung zu scheitern. Das Spiegelei ist wegen der einfachen Form ein guter Anfang.

Thematische Variation:

- Galerie der Spiegeleier (serielle Kunst)
- Gruppenbild: Wir schlagen alle Eier in eine Riesenpfanne

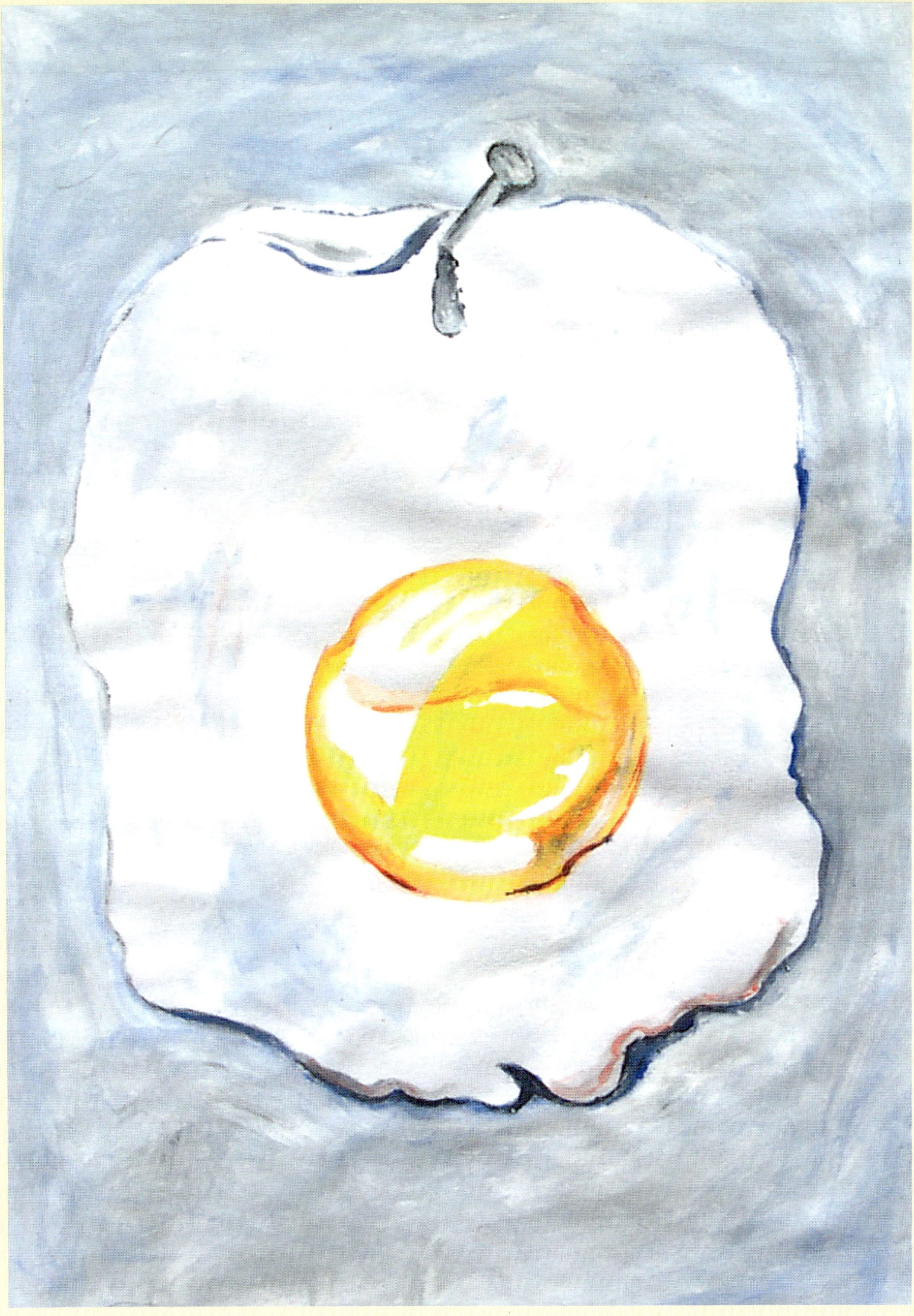

Thema 16 Nichts ist, wie es scheint

- Figürliches Zeichnen und Malen
- Thematische Auseinandersetzung mit gesellschaftlich relevanten Themen (Schönheitsideal, Magersucht)

- Zeichenblock
- Malkasten
- Bleistift
- Evtl. Tapeten oder bedrucktes Papier

1. Festlegung des Raums mit drei Linien

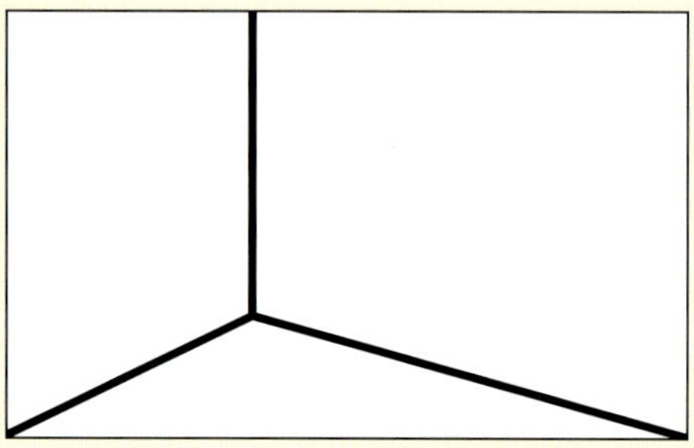

2. Das reale Mädchen steht in der Rückenansicht vor der Senkrechten und ist Bindeglied zwischen den drei Flächen (linke Wand, rechte Wand, Boden). Diese können z. B. auch aus Tapetenresten geklebt werden (siehe Abb. unten). Der Körper des schlanken Mädchens ist durch Gelenke gegliedert (Abkehr von einer schematischen Vorstellung).
3. Der Blick in den Spiegel zeigt ein Trugbild. Das Mädchen sieht sich selbst so dick, dass es nicht einmal in den Spiegel passt. Die Form ist hier eher amorph.
4. Auf der linken Wand zeichnet sich ein bedrohlicher Schatten ab, der in seiner skelettierten Form vor den Gefahren und den Folgen der Magersucht warnt. Hier wird die Gliederung eines Körpers (durch die Bewusstmachung von Gelenken) noch deutlicher.

Themen wie Pubertät und die damit verbundenen Probleme sind auch für Künstler heikle Themen. Auf wunderbare Art näherte sich der norwegische Expressionist Edvard Munch (1863–1944) dem Thema mit seinem Gemälde „Pubertät". Berühmt wurde er aber durch sein Bild „der Schrei".

Nicht umsonst beinhaltet ein Kunststudium die intensive Auseinandersetzung mit Skeletten. Sie ist eine wichtige Voraussetzung für das figürliche Malen und Porträtieren.

Thematische Variation:

- Auf dem Jahrmarkt (Zerrspiegel)
- Betrunkener blickt in den Spiegel

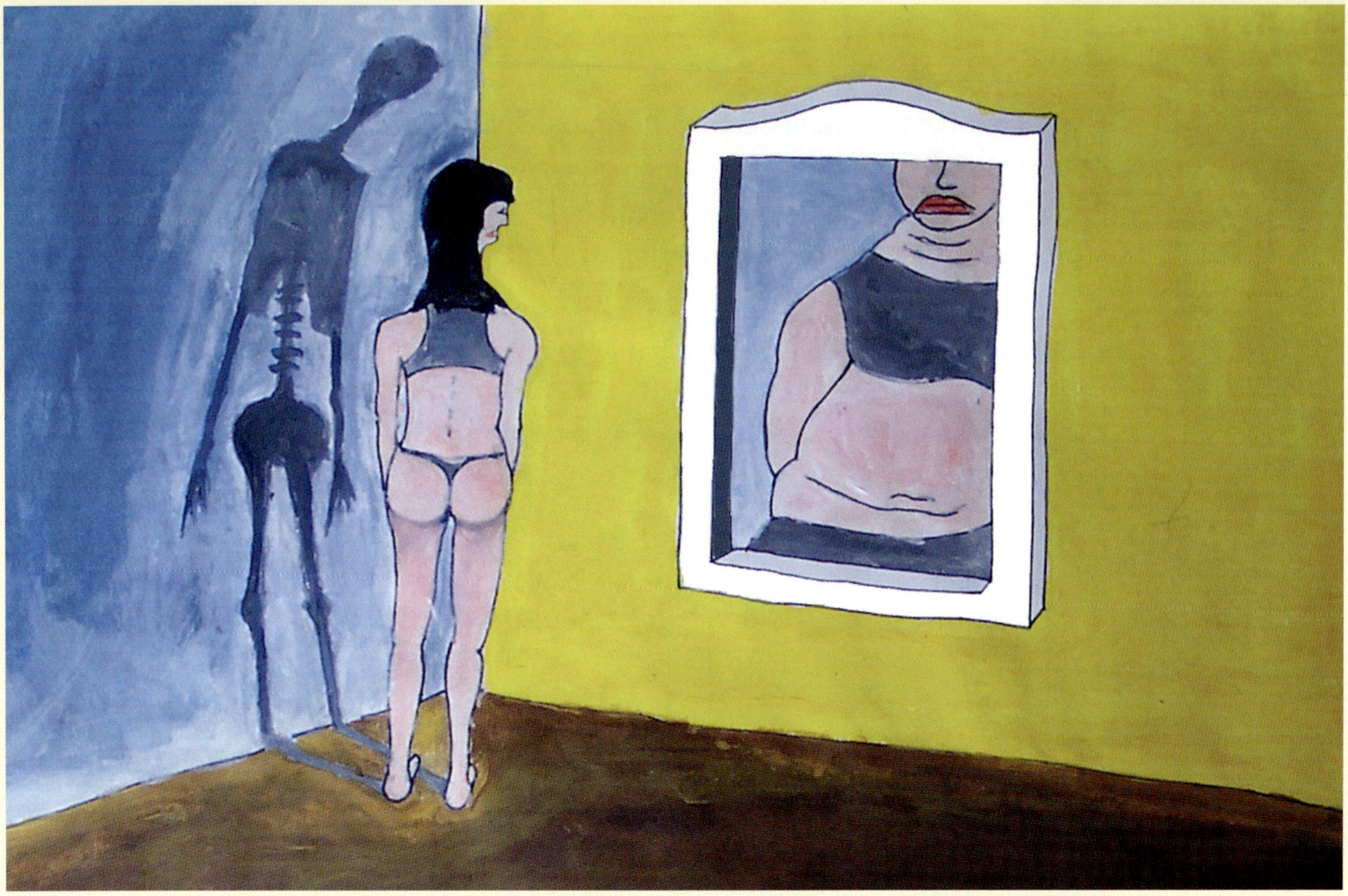

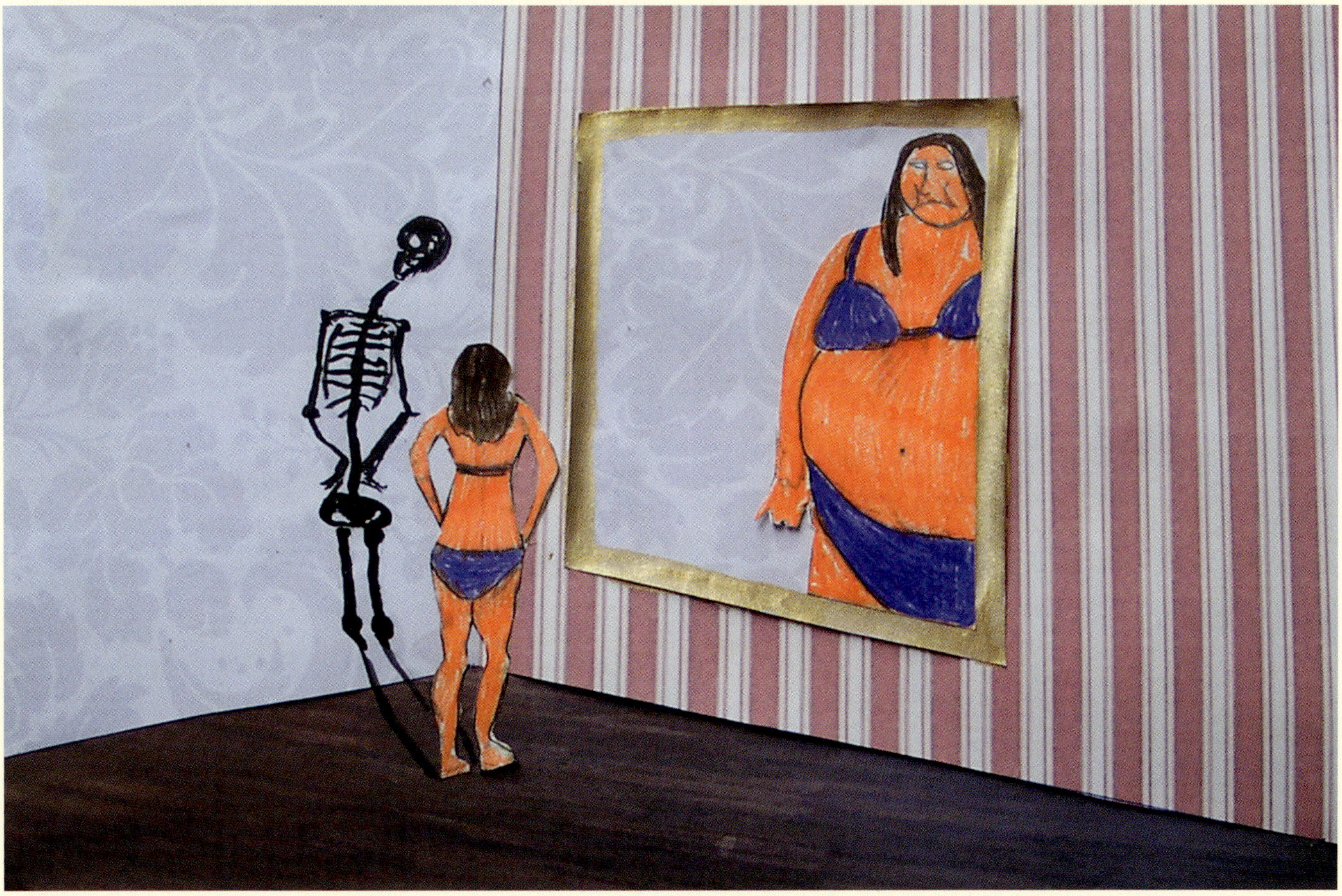

Thema 17 Kiesel

- Räumliche Tiefenwirkung durch Größenabstufung
- Räumliche Tiefenwirkung durch Überschneidung
- Räumliche Tiefenwirkung durch Schatten
- Reiz serieller Kunst

- Zeichenblock und Wasserfarben
- Bleistift
- Evtl. Kieselsteine

1. Vorzeichnung: Die Erfahrung sagt uns, dass Dinge in weiter Entfernung nur klein erscheinen. Wenn man Tiefenwirkung erzeugen will, geht man fogendermaßen vor:

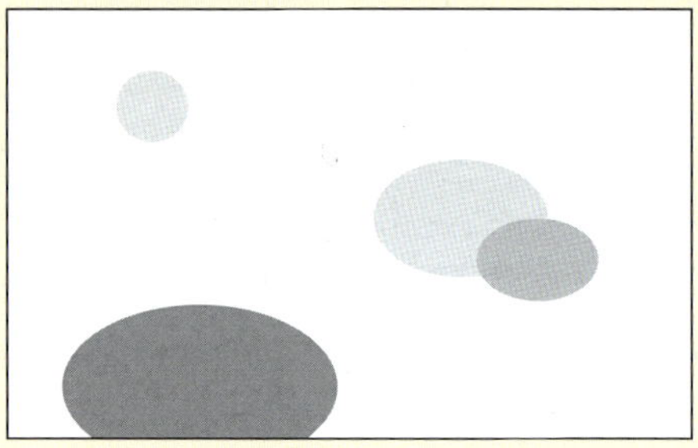

Größenabstufung: vorne groß, nach hinten kleiner werdend

Überschneidungen schaffen Tiefenwirkung

2. Farbe: Grau- und Pastelltöne eignen sich gut, um Kiesel darzustellen. Ein Schlagschatten betont den Raum (siehe Abbildung oben).

Kieselsteine gelten wegen ihrer handschmeichelnden Form, ihrer hohen plastischen Spannung und ihrer interessanten Farbgebung als genuin ästhetisch und werden seit jeher in allen Kulturen gesammelt und zur Gestaltung verwendet. Im Kunstunterricht können sie vielseitig eingesetzt werden: als Sammelobjekte, als Bildvorlage, für Mosaike, zum Bemalen, zum Spielen etc.

Alternatives Thema: Galerie der Kiesel

Flächige Darstellung: Mit nur vier Farben ergeben sich durch das Wechselspiel Vordergrund – Hintergrund zahlreiche Gestaltungsmöglichkeiten. So entsteht eine reizvolle Galerie der Kiesel als „serielle Kunst“.

Abb. unten: Kiesel und Hintergrund sind mit einem Grafikprogramm farbkonstant eingefärbt.

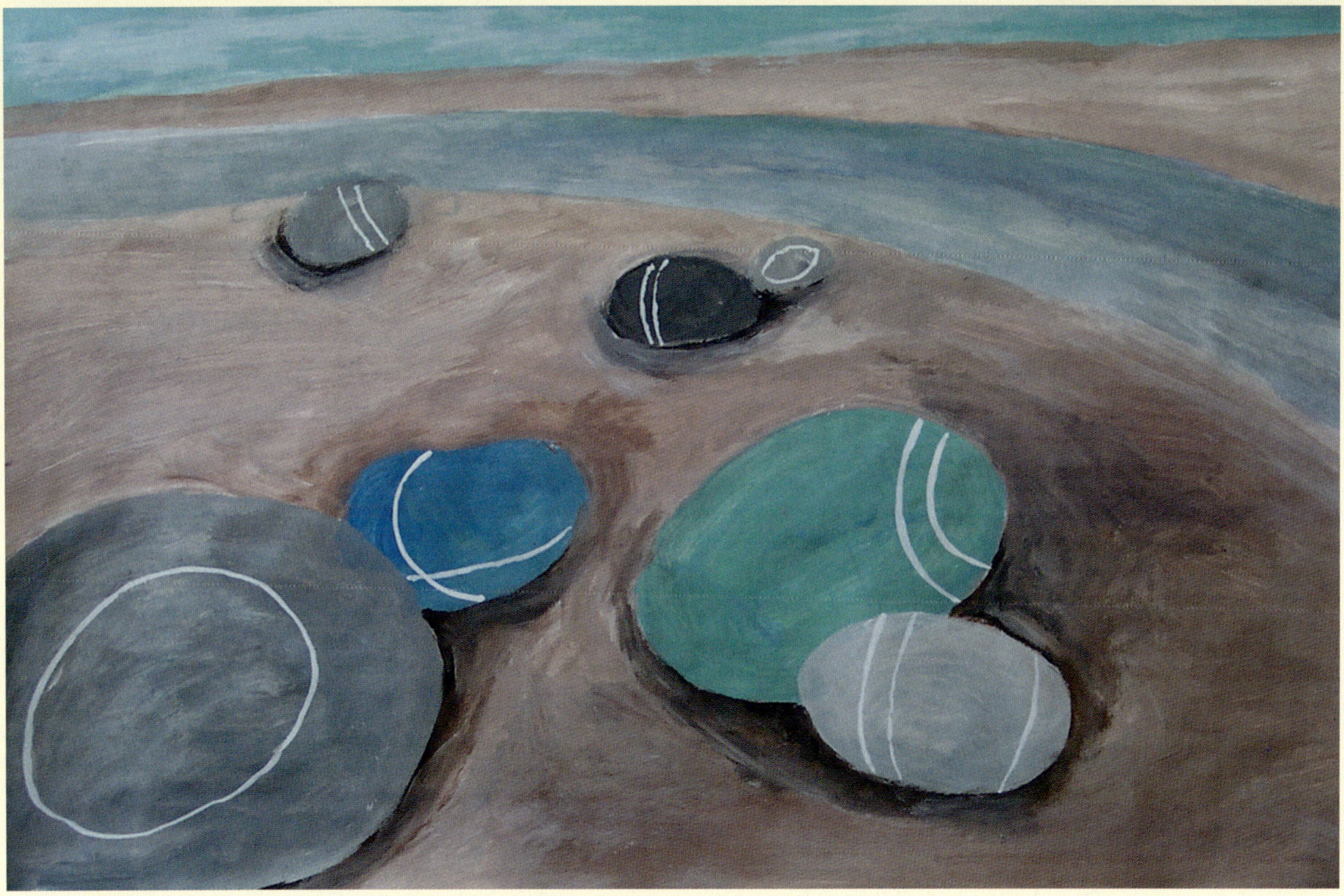

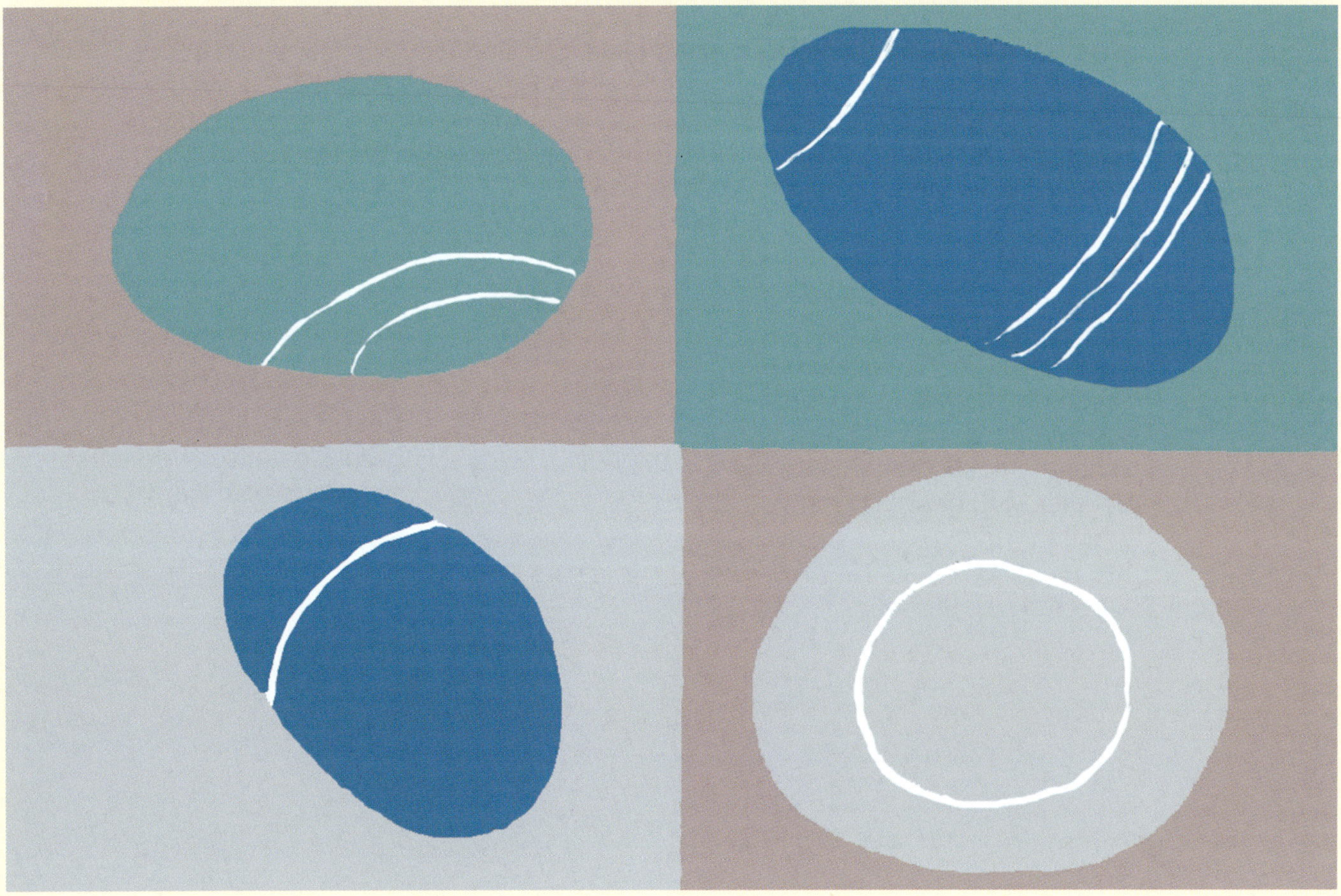

Thema 18 Grüne Libelle

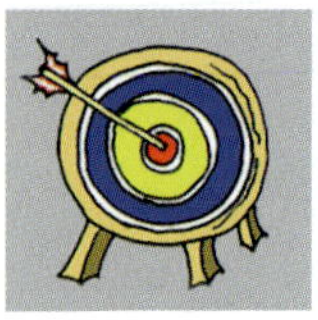

- Mischen von Grüntönen
- Überschneidung als bildnerisches Mittel
- Grün-Rot-Kontrast (Komplementärkontrast)

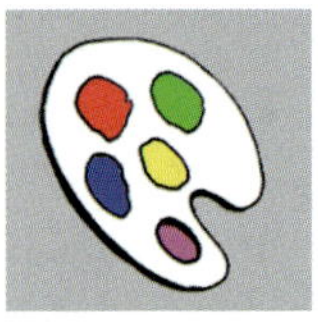

- Zeichenblock
- Malkasten
- Bleistift

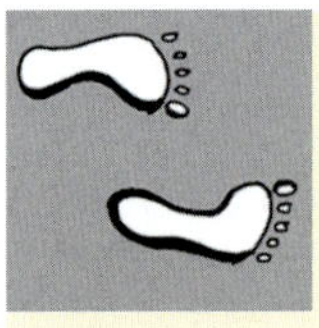

1. Der Umriss einer Libelle (handgroß) wird mit Bleistift vorgezeichnet.
2. Verschiedene Blattformen füllen das Bild. Großzügige Überschneidungen, auch bei der Libelle, sind bewusstes Gestaltungsmittel.
3. Jedes Blatt, der Hintergrund und die Libelle werden mit je einem eigenen Grünton gestaltet. So entsteht eine Art „Suchbild", da die Libelle im Grün verschwindet.
4. Als Kontrast kann eine Blüte oder ein Blatt in der Komplementärfarbe Rot eingefügt werden.
5. Die Blätter können mit einer weißen oder schwarzen Kontur versehen werden. Dies betont die Überschneidung und sorgt für Ordnung im Chaos.

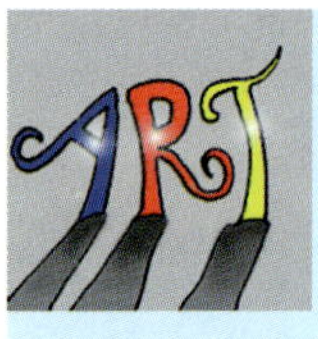

Meister im Umgang mit floralen Kompositionen sind die Amerikanerin Georgia O´Keeffe (1887–1986) und der Franzose Henri Rousseau (1844–1910). Während O´Keeffe überdimensionierte Blüten und Blätter mit Betonung einer erotischen Komponente in den Mittelpunkt ihrer Bilder rückt, werden bei Rousseau die erfundenen Blattformen Teil seiner Fantasiewelt.

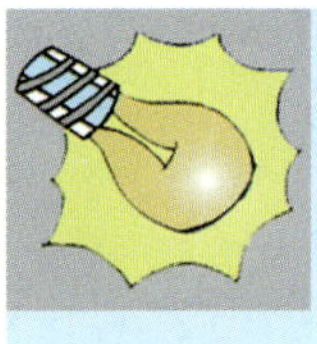

Schüler neigen dazu, Bildelemente zu klein zu gestalten. Durch die großzügigen Überschneidungen und die Ausschnitthaftigkeit bekommen die Schüler Mut, großflächiger zu arbeiten.

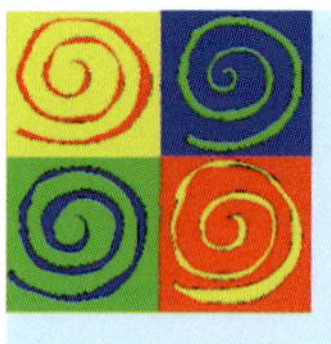

Thematische Variation:

- Papageien im Dschungel
- Unterwasserlandschaft („Ein Clownfisch versteckt sich vor einem Hai")

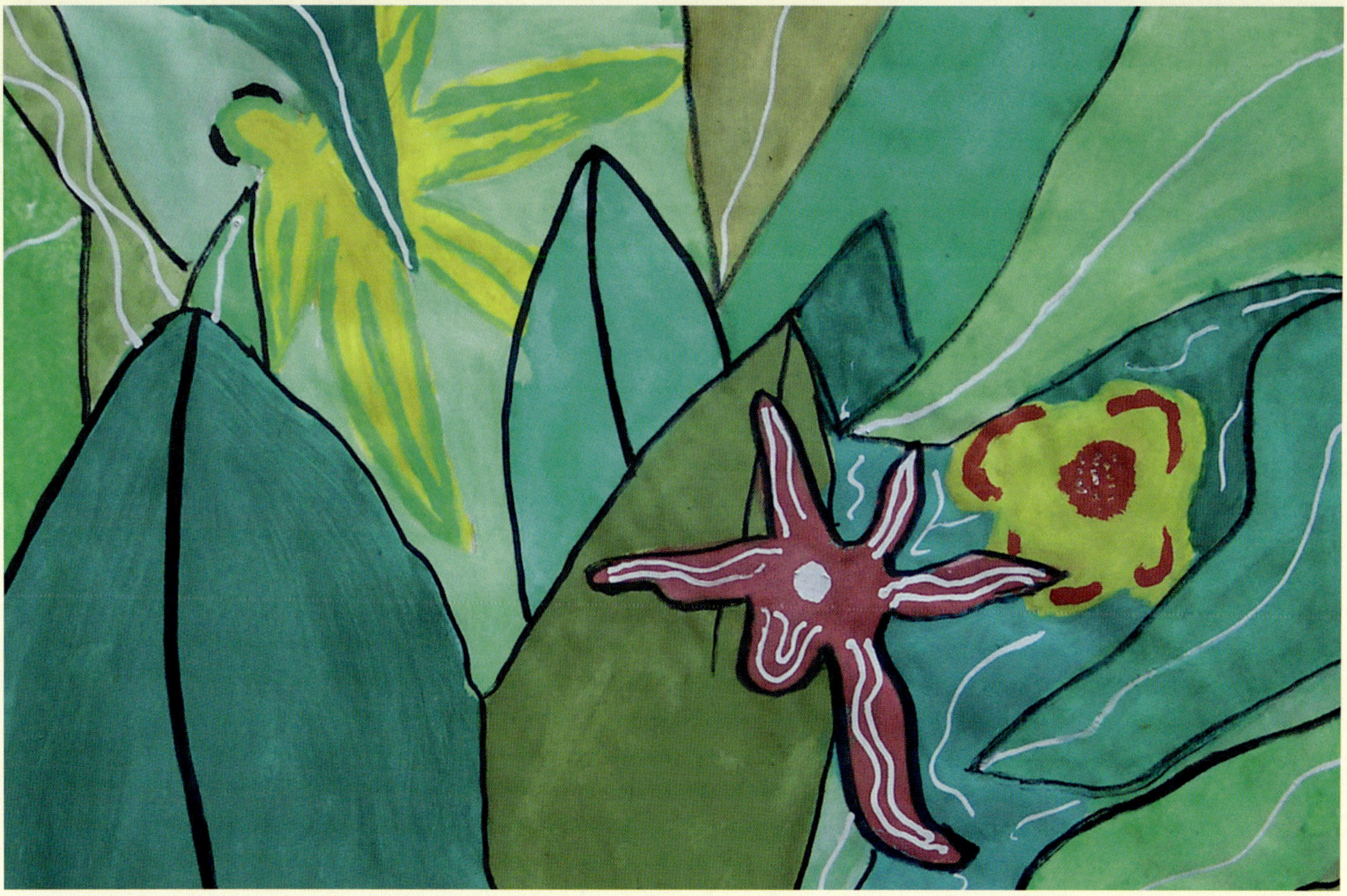

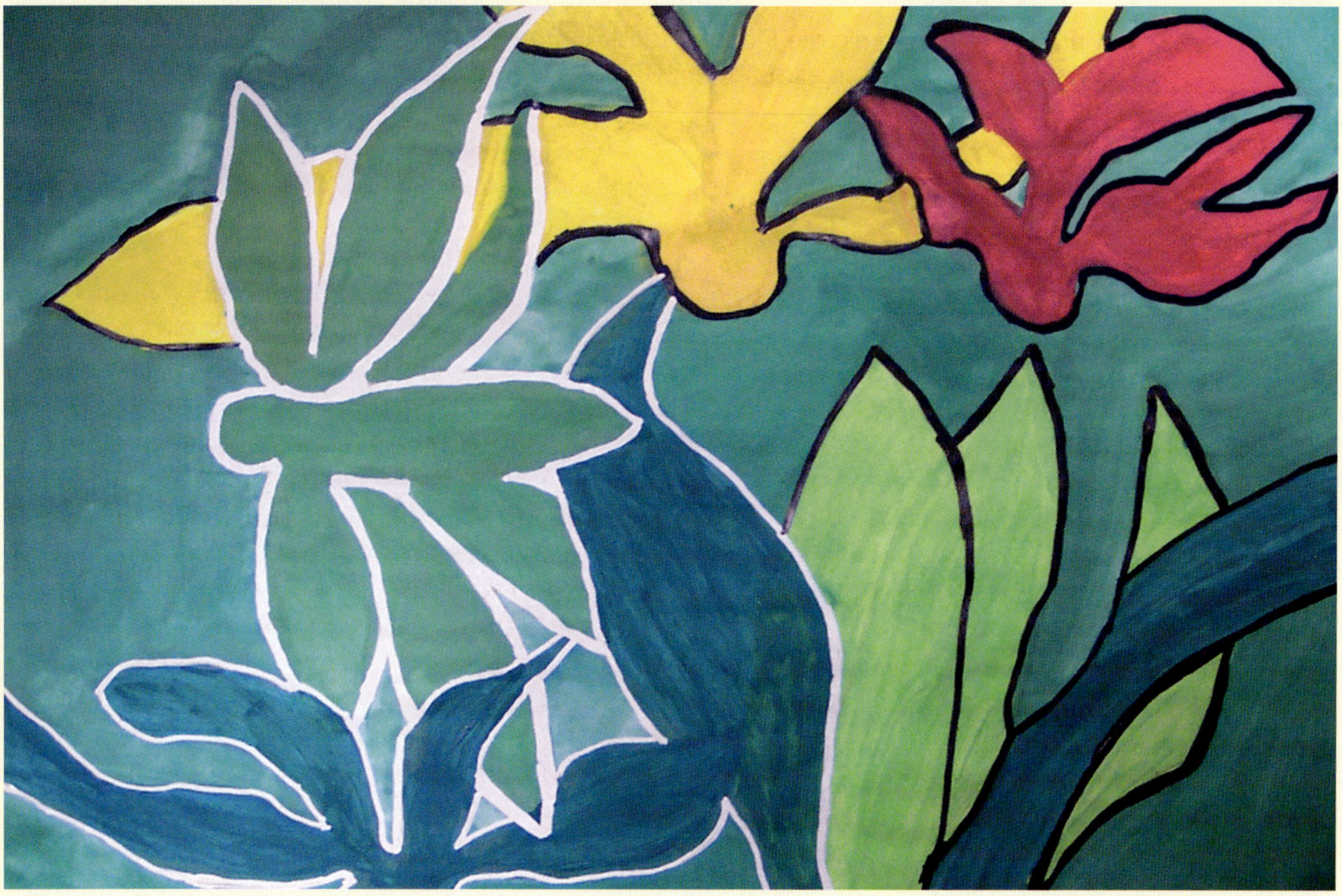

Thema 19 Fisch im Fisch im Fisch …

- Interesse an ungewöhnlichen Dingen und Bildern
- Farbkonstanz als Comic-Merkmal
- Formkontraste bewusst einsetzen

- Zeichenblock und Wasserfarben
- Bleistift und evtl. Fineliner

1. Vorzeichnung: Man beginnt mit dem großen Oval (Mund des großen Fisches). Der Mund ist wie ein Spiegel, in den man schaut. In diesem ist ein weiterer Spiegel usw.

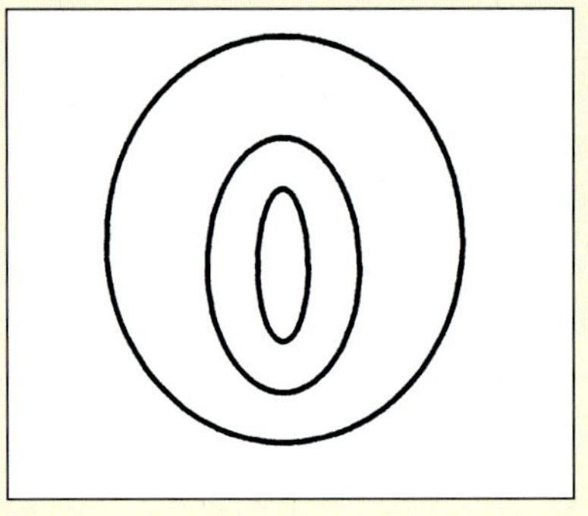

2. Zähne, Flossen, Augen … hinzufügen (evt. mit Fineliner nachziehen).
3. Farbe: Wie im Comic die Flächen farbkonstant füllen, d. h. mit einer Farbe flächig ausmalen ohne diese abzustufen. Räumliche Tiefe entsteht durch das Schwarz des Rachens.

Um die Farbkonstanz eines Comics zu erreichen hilft ein Bildbearbeitungsprogramm am PC. Wird die schwarze Vorzeichnung gescannt, kann man mit einem „Fülleimer“ die Flächen beliebig füllen.

Alternative Themen:

- Gesicht in einem ovalen Spiegel, in dem ein Gesicht im Spiegel ist, in dem ein Gesicht …
- Aquarium mit unterschiedlichsten Fischen im Comic-Stil („Crazy friends of Nemo“)

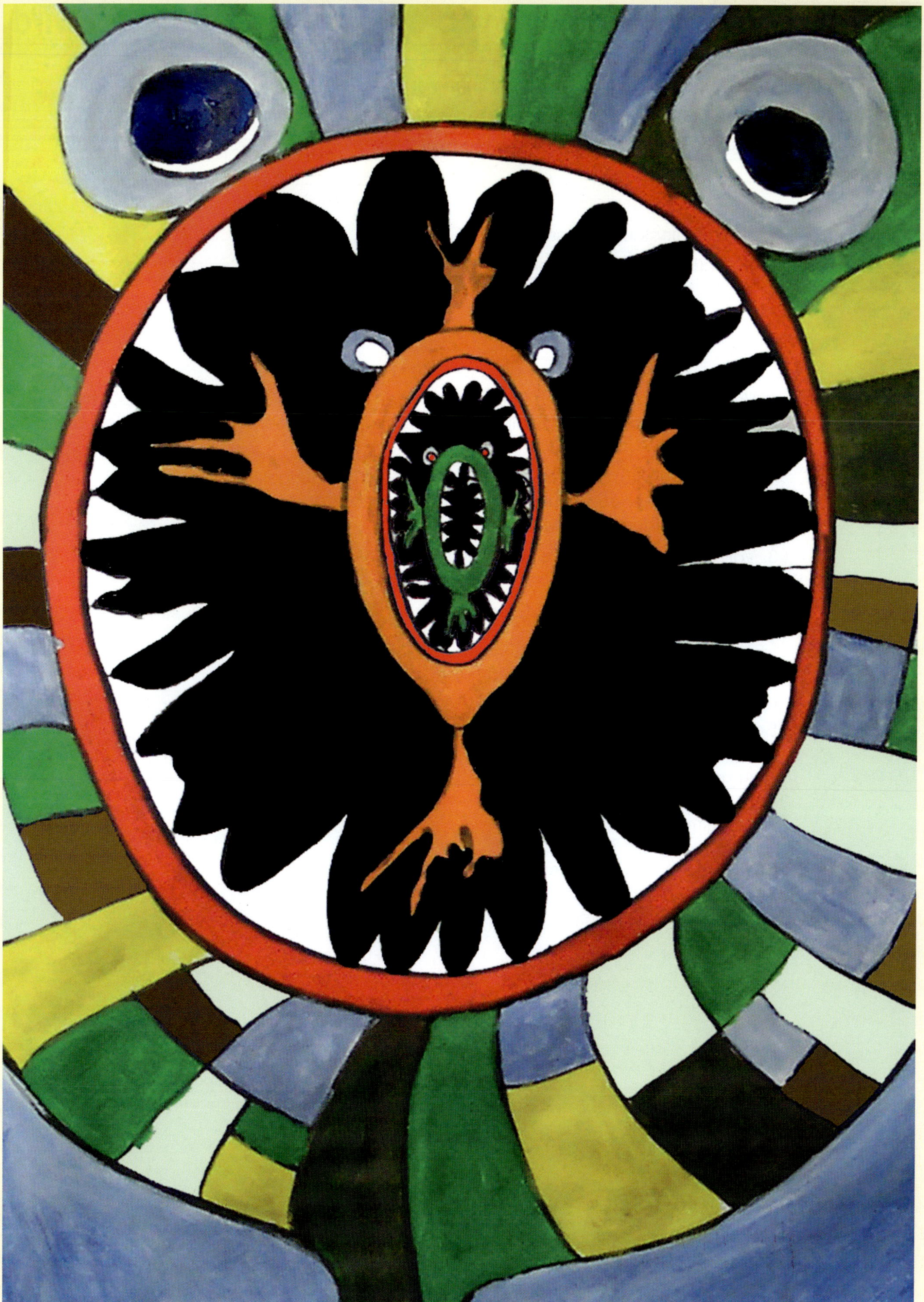

Thema 20 Der Affe, der von der Banane gefressen wird

- Interesse an ungewöhnlichen Dingen und Bildern
- Grüntöne mischen
- Überschneidungen bewusst einsetzen

- Zeichenblock und Wasserfarben
- Bleistift und evtl. Fineliner

1. Vorzeichnung a: Drei sich überschneidende Bananen (Größenangabe: Zeichne die Bananen handgroß! Schüler neigen dazu, Bildelemente generell zu klein darzustellen.)
2. Vorzeichnung b: Studium der Blattformen im Dschungel: Es gibt längliche, geteilte, fächerartige, runde, herzförmige … Blätter. Auch hier gilt: Größe und Überschneidung sind wichtig!
3. Vorzeichnung c: Der Affe wurde von der Banane wie von einer Schlange verschlungen.
4. Farbe: Alles soll in Gelb-, Grün- und Brauntönen gemalt werden.

Künstler lieben verrückte Ideen. Bei der Suche nach Motiven gehen sie häufig nach der Methode der Umkehrung vor: Naturgesetze, Regeln, Herkömmliches wird auf den Kopf gestellt. Aus dem Thema „Der Weihnachtsmann im Dezember“ macht ein Künstler: „Was macht der Weihnachtsmann im Sommer?“.

Alternative Themen:

- Eine Schlange verspeist einen Elefanten (Der kleine Prinz)
- Rote Papageien im Dschungel (Rot-Grün-Kontrast)

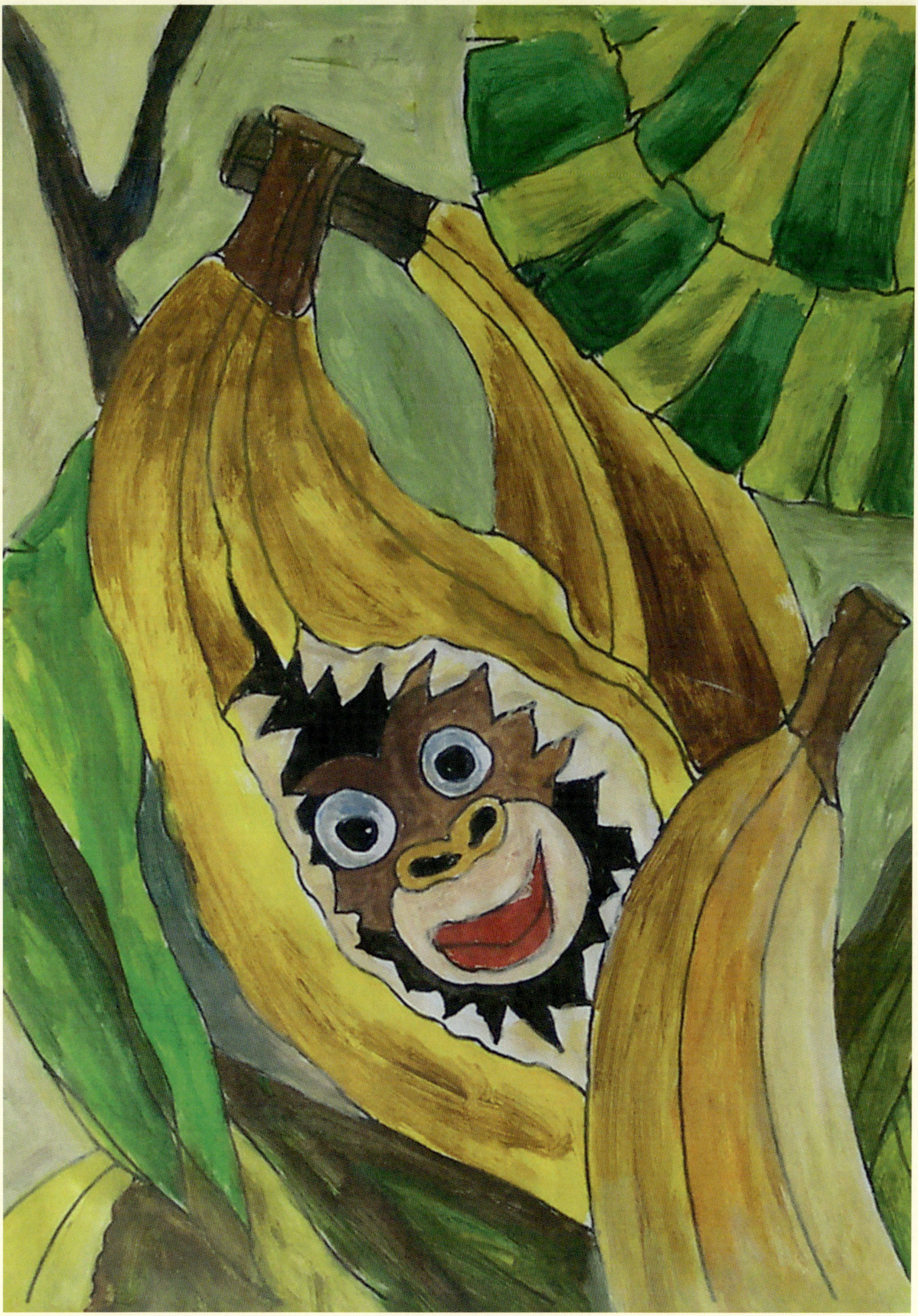

Thema 21 Winterlandschaft

- Hell-Dunkel-Kontrast als bildnerisches Mittel
- Klassischer Bildaufbau mit Vorder-, Mittel- und Hintergrund
- Kalt-Warm-Kontrast

- Zeichenblock und Wasserfarben
- Zirkel
- Bleistift
- Evtl. Fineliner

1. Mond: Mit dem Zirkel leicht vorzeichnen.
2. Bergkette: Sie wird leicht unterhalb der Bildmitte angelegt.
3. Himmel: Abstufung von dunkel nach hell.
4. Berge und Vordergrund: Abstufung wie beim Himmel von dunkel nach hell.
5. Die Äste ragen von den Seiten ins Bild. Sie sind im Gegenlicht schwarz und werden zu den Enden hin dünner. Besonders filigran können sie mit Fineliner im Mond gezeichnet werden.
6. Im Vordergrund sorgt ein **Greifvogel** für die Erweiterung des Bildraumes und erzeugt als warme Stelle einen Kalt-Warm-Kontrast

Auch wenn man in der modernen Kunst klassische Bildkompositionen wie z. B. bei Caspar David Friedrich seltener findet, sollten die Schüler dennoch damit vertraut werden.

- Achten Sie darauf, dass die Bergkette nicht zu steil und zackig aussieht (ein häufiger Fehler).
- Zeigen Sie den Schülern Bilder von Bäumen oder zeichnen Sie vor Ort. Die Verzweigung und die Verjüngung der Äste nach außen hin sind entscheidend.

Je nach Intention kann im Bildvordergrund ein Verkehrszeichen, eine weitere Pflanze, eine Vogelscheuche etc. platziert werden.

Die Szene kann auch (evt. in Gruppen) im Vier-Jahreszeiten-Rhythmus dargestellt werden.

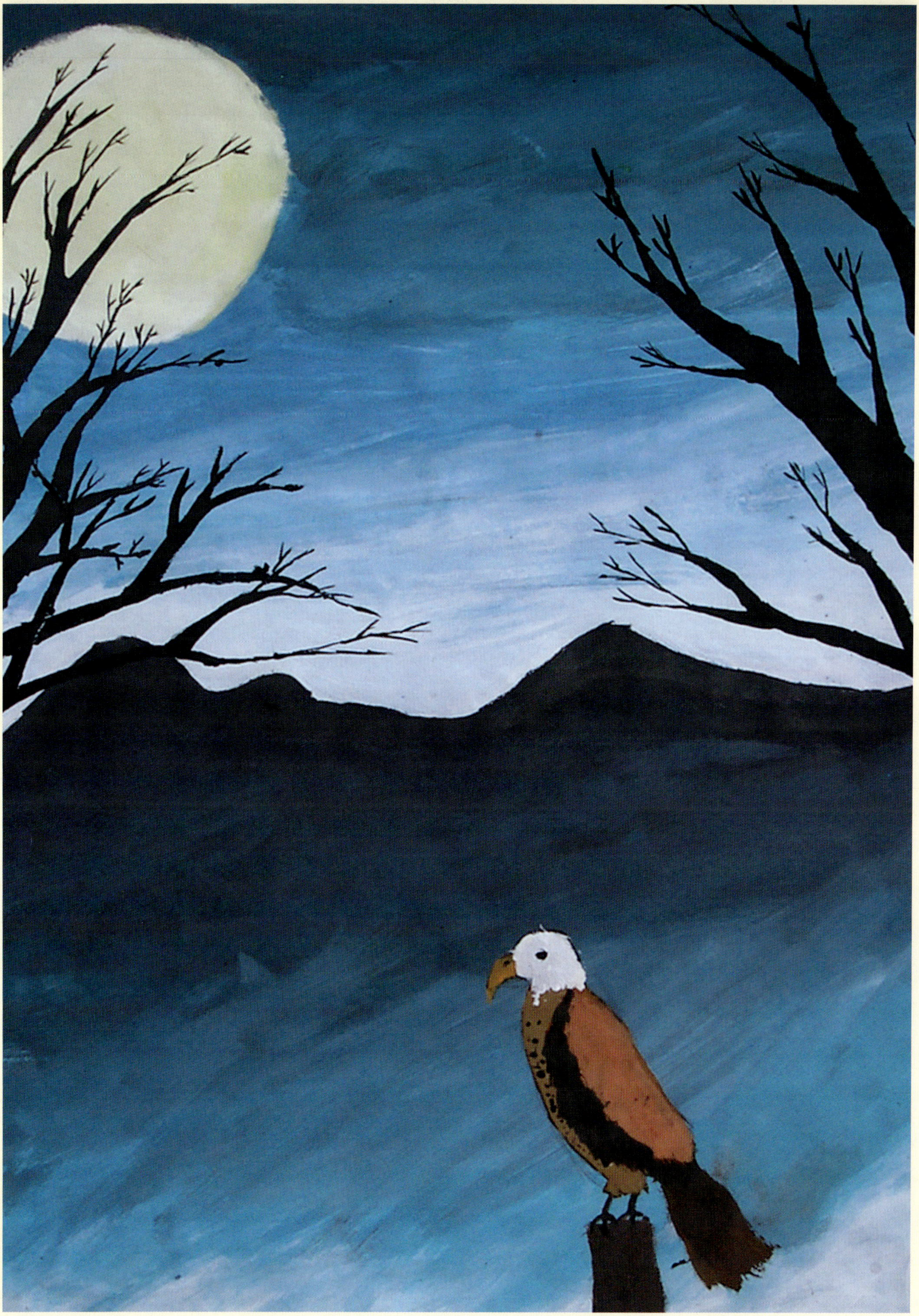

Thema 22 Höhlenmalerei

- Darstellung von Tieren und Felsen
- Erkenntnis, dass die Kunst der Steinzeit auf einem hohen Niveau beginnt

- Zeichenblock oder Packpapier
- Malkasten oder Naturfarben
- Bleistift, Holzstöckchen, angerußter Korken ...

1. Thematische Einführung: Die Wandgemälde in den Höhlen von Lascaux (Frankreich) und Altamira (Spanien) sind mindestens 15000 Jahre alt und zeigen Tierdarstellungen auf hohem Niveau.
2. Vorgehen: Das Zeichenpapier mit Erdfarben bemalen, trocknen und dann zerknittern, um die Oberfläche von einem Felsen zu imitieren. Braunes Packpapier eignet sich hierfür auch sehr gut.
3. Die Tiere können mit Malkasten und Pinsel oder authentischer mit Holzstöckchen bzw. angerußten Korken dargestellt werden. Die Farbe lässt sich auch durch einen hohlen Röhrenknochen aufpusten.
4. In höheren Klassen kann das Thema erweitert werden: Als comichafte Variante ironisiert die Abbildung unten die Redensart „Narrenhände beschmieren Tisch und Wände“. Sie kann Anlass zur Diskussion über Kindererziehung und Erziehungsstile sein.

Pablo Picasso (1881–1973) meinte, dass die Höhlenbilder von Lascaux seither von keiner anderen Malerei übertroffen wurden.

Falls Sie mit Feuer arbeiten (Anrußen von Holz oder Korken), gehen Sie unbedingt ins Freie. Der Schulkeller kann in eine Steinzeithöhle verwandelt werden. Eine Malaktion, die von Trommeln und Tänzen begleitet wird, entwickelt sich zum „Steinzeit-Happening“.

Thematische Variation:

- Eine Steinzeitfamilie am Lagerfeuer
- Zeitreise in die Steinzeit: Du fliegst mit einer Zeitmaschine in die Steinzeit und grillst mit einer Steinzeit-Familie

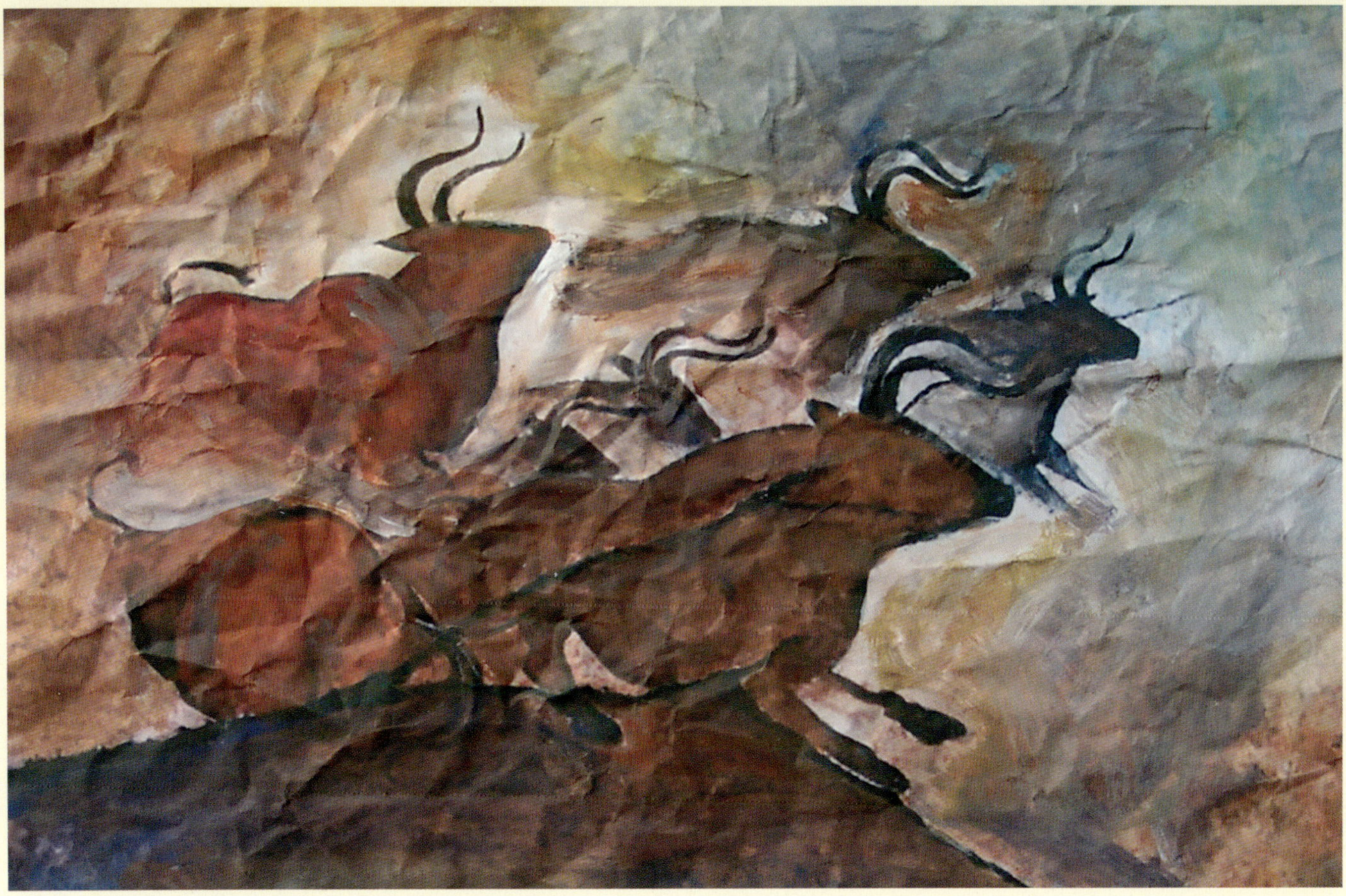

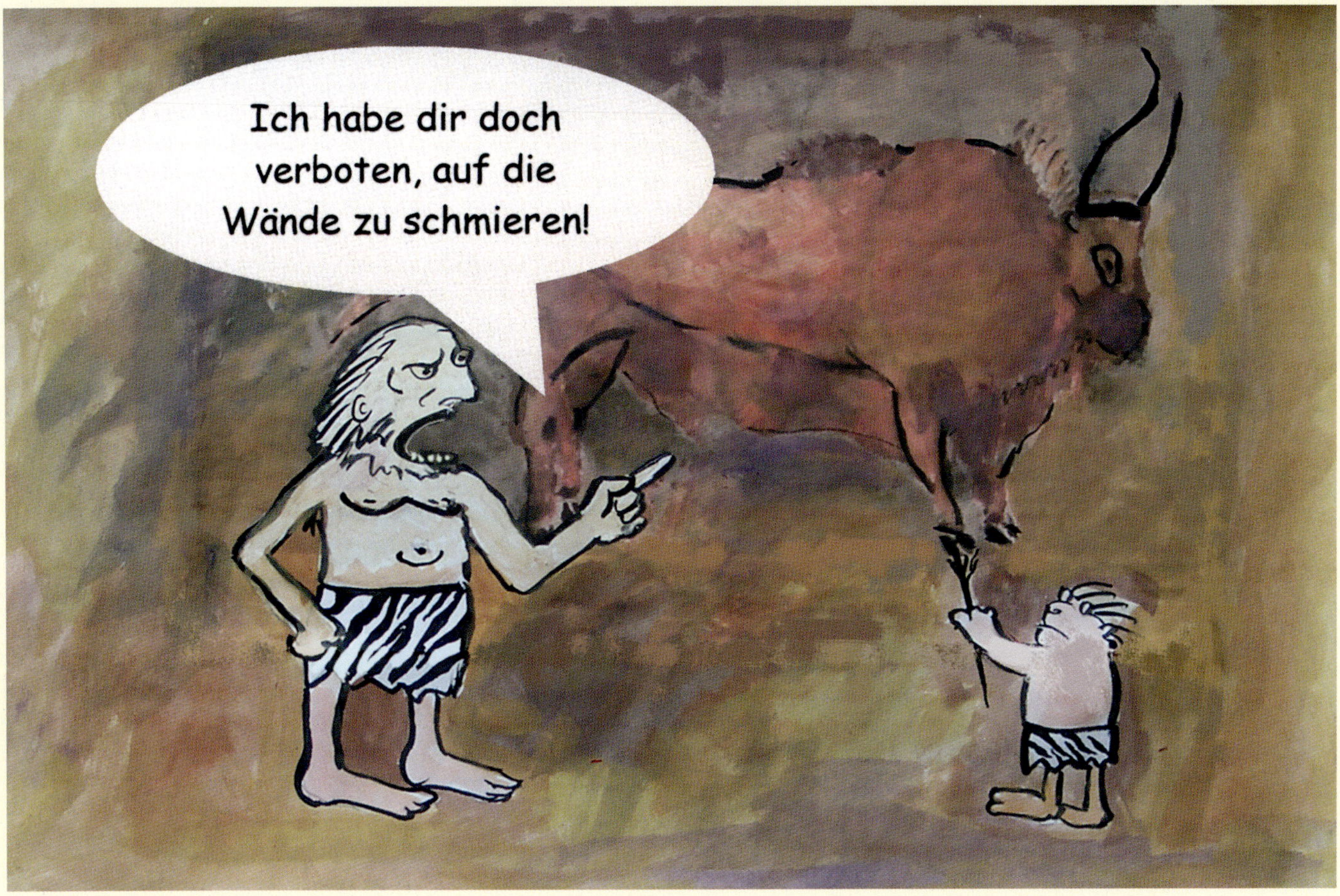
Ich habe dir doch verboten, auf die Wände zu schmieren!

Thema 23 Trip through the universe

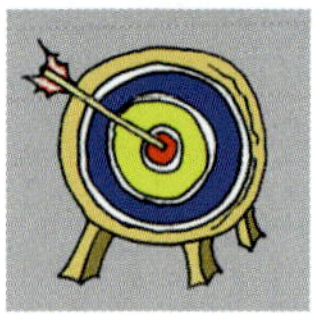

- Interesse an utopischen Dingen
- Raumdarstellung durch Licht und Schatten
- Raumdarstellung durch perspektivische Verkürzung

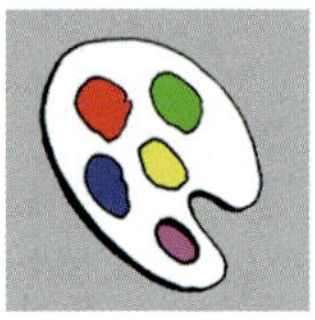

- Zeichenblock und Wasserfarben
- Bleistift

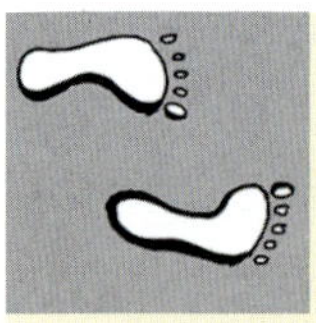

1. Vorzeichnung: Ovale verschiedener Größe ohne Überschneidung auf dem Blatt verteilen. Es folgen die Seitenlinien der Kegelstümpfe.

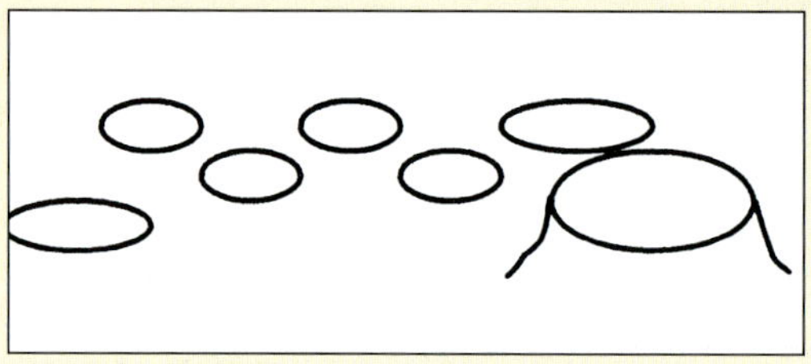

2. Darstellung der Plastizität: Im Wesentlichen wird mit drei Abstufungen gearbeitet: grau – schwarz – weiß.

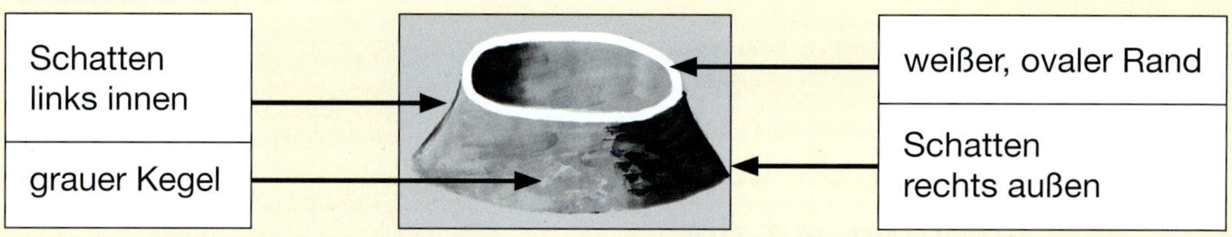

3. All und Erde: Das schwarze Weltall, einzelne Sterne und ein Blick auf die Erde betonen die unendliche Tiefe des Raumes.

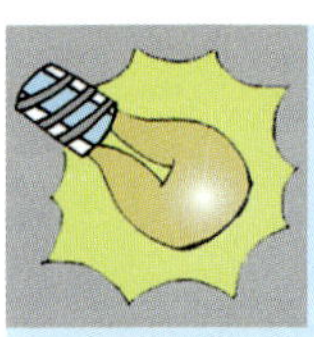

Ovale sind für Schüler sehr schwierig zu zeichnen und erfordern viel Übung. Als Hilfe kann man hier Schablonen einsetzen.

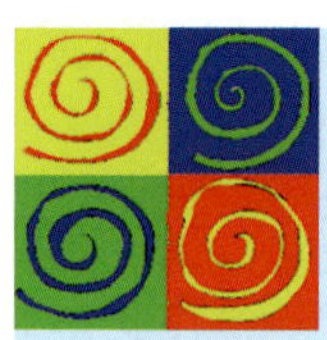

Alternative Themen:

- „On my way to Mars“: Wir besiedeln den (roten Planeten) Mars
- „Trip to the moon“
- Vulkankrater speien Lava

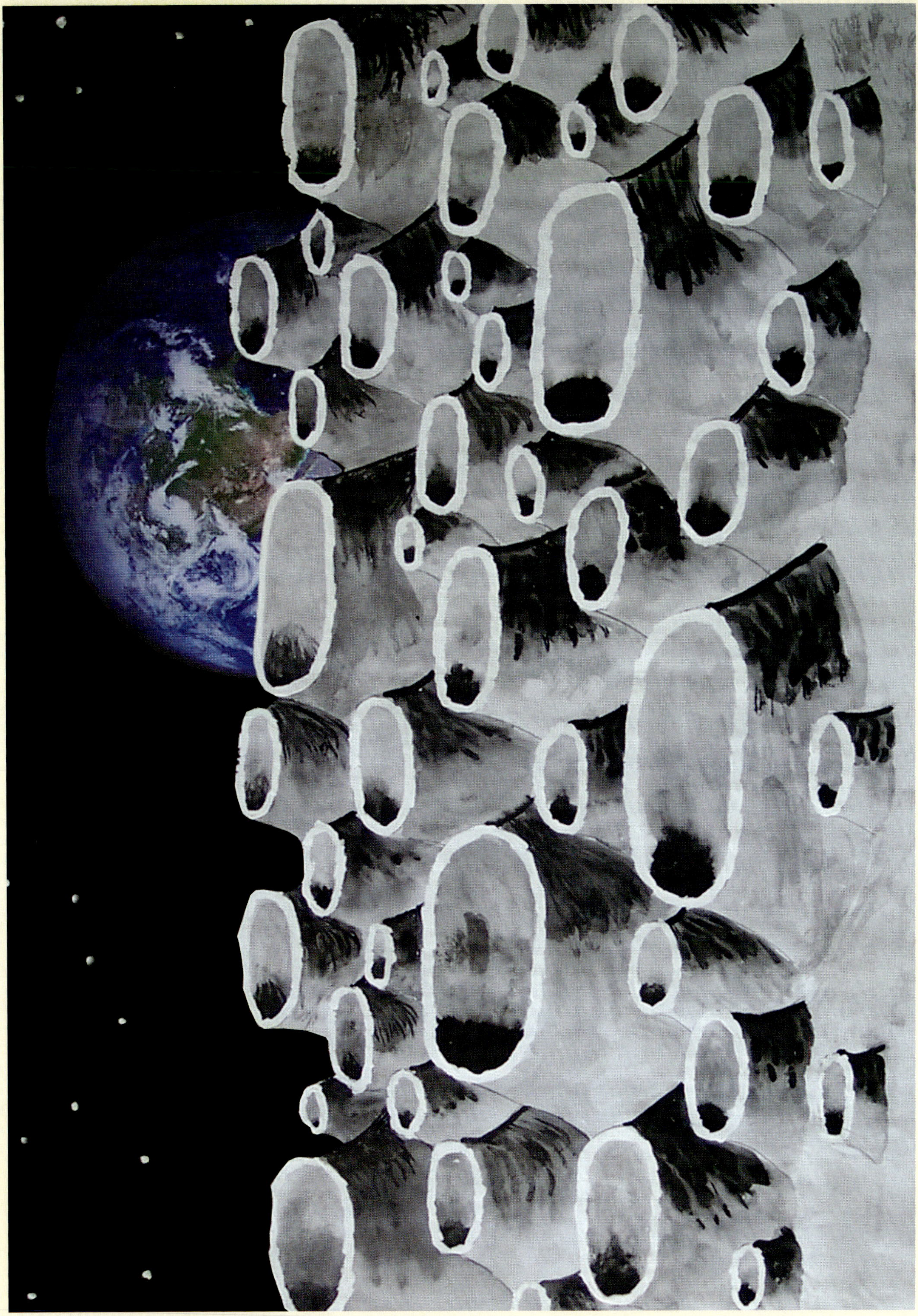

Thema 24 Popart-Klon

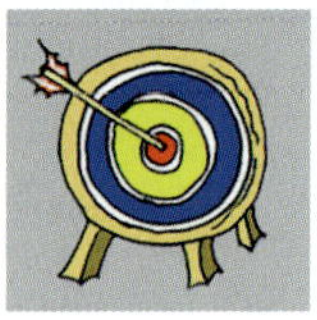

- Einführung in die Popart
- Serielle Kunst als „Multiple“ kennenlernen
- Wirkungsvolle Abstimmung von konstanten Farben

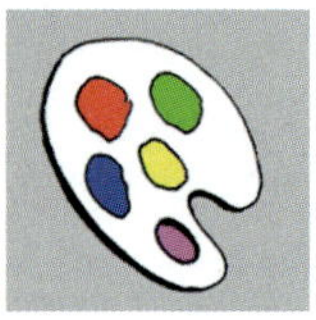

- Zeichenblock
- Malkasten und Lineal bzw. Acrylfarben
- Bleistift, schwarzer Fineliner
- Evtl. Pauspapier

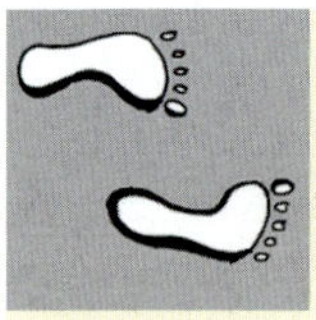

1. Als triviales Motiv (typisch Popart) wählen die Schüler ihr Lieblingstier, das sie als Strichzeichnung darstellen.
2. Sechs Quadrate werden auf einem Zeichenblatt (wie in der Abbildung und mit Lineal) angeordnet.
3. In jedes Quadrat wird das Tier gepaust (entweder mit Pauspapier oder am Fenster mit Gegenlicht) und mit schwarzem Fineliner nachgezogen. Die Flächen nun mit reinen Farben farbkonstant bemalen. Es können Komplementärfarben (rot – grün, blau – orange, violett – gelb) oder ähnliche kontrastreiche Farbkombinationen verwendet werden. Denkbar sind auch gemusterte Flächen, wenn das Muster konsequent durchgehalten wird.

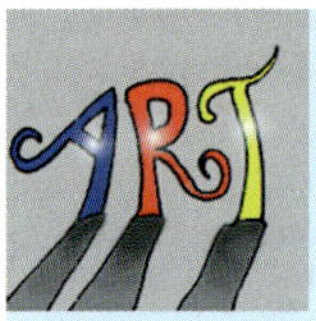

Der Popart-Künstler Andy Warhol (1928–1987) war der erste, der mit der seriellen Darstellung bekannter Motive (z. B. Mona Lisa, Elvis, M. Monroe) spielte. Die quantitative Vervielfältigung (Multiple) zählte für ihn mehr als das Original. Geschickt spielt er mit den Gestaltungsmitteln der Werbegrafik.

Das handwerkliche Verfahren des Durchpausens kommt auch Warhols Vorgehensweise sehr nahe. Bevor Warhol den Siebdruck verwendete, multiplizierte er Motive mit Löschpapier und ließ bei „Colouring Partys“ die Umrisse von Freunden ausmalen.

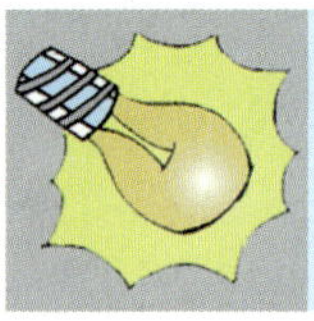

Acrylfarbe aus dem Baumarkt lässt sich am besten farbkonstant und flächig auftragen.

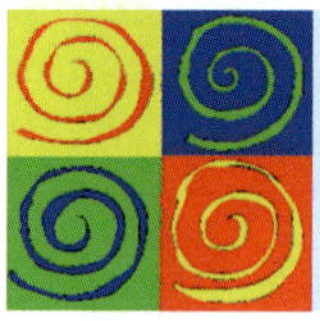

Thematische Variation:

Starporträt als Serie oder Selbstporträt als Star

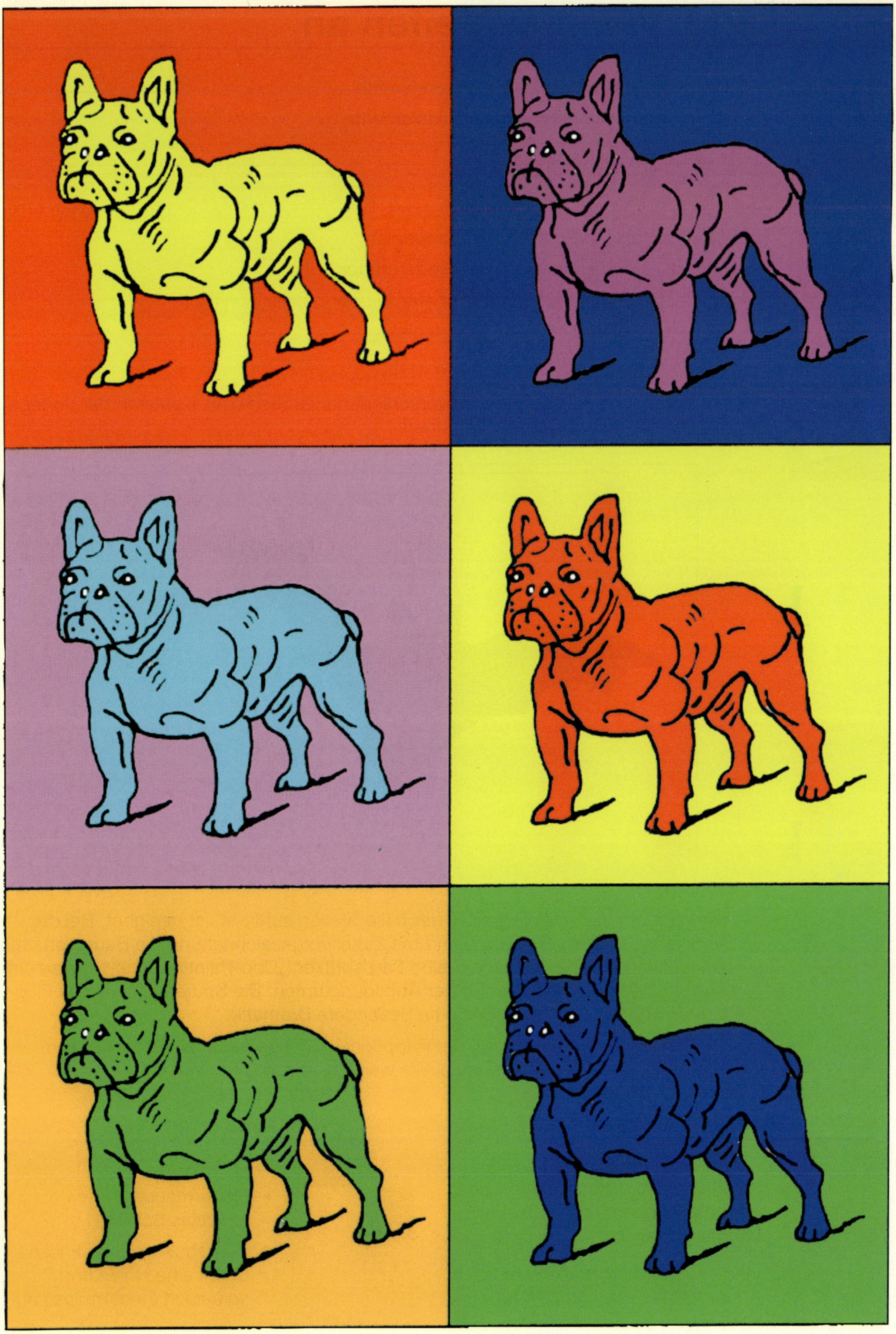

Thema 25 Vampire greifen an

- Hell-Dunkel-Kontrast als Gestaltungsmittel
- Wirkungsvolles Anordnen von Bildelementen

- Zeichenblock, evtl. schwarzes Tonpapier
- Schere zum Ausschneiden der Fledermäuse, Zirkel
- Malkasten, evtl. weiße Dispersionsfarbe oder besser Acryllack
- Plane als Unterlage für die Spritztechnik

1. Vorzeichnen von Fledermäusen verschiedener Größen bzw. Kopieren der Vorlage zur Herstellung von Pappschablonen

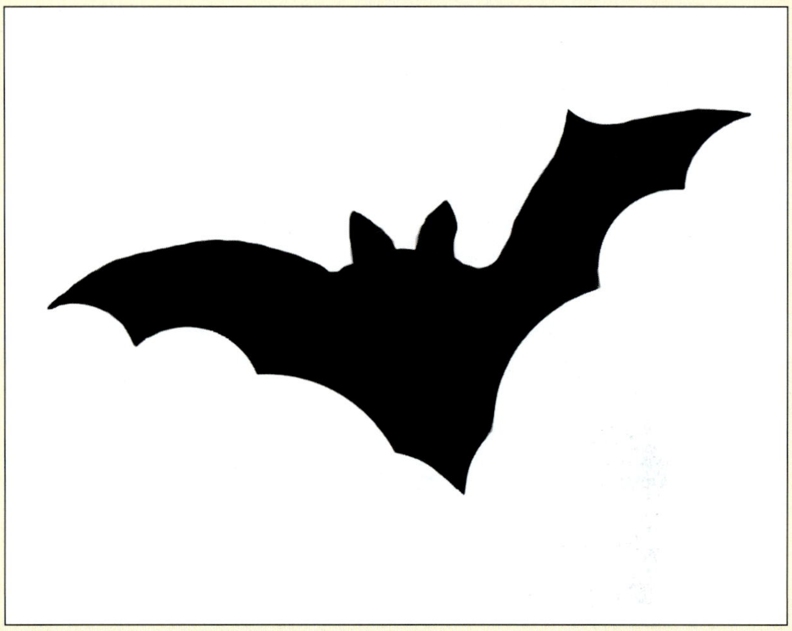

2. Hintergrund: Jeder Hintergrund, der helle Stellen aufweist, ist geeignet. Bei der Abbildung oben wurden der Mond mit Zirkel vorgezeichnet und die Baumkette mit einem feinen Pinsel gestaltet. Weiße Farbspritzer („Drip-Painting") auf schwarzem Karton bilden den Hintergrund der Abbildung unten. Die Spuren erinnern an Flugkurven und verleihen dem Bild eine besondere Dramatik.
3. Die Fledermäuse können (mit der Pappschablone) gedruckt werden oder zum Umfahren der Umrisslinie dienen. Sie werden tiefschwarz bemalt.

Lassen Sie verschieden große Fledermäuse ausschneiden. Die Schüler können diese untereinander tauschen.

Thematische Variation:

- Fledermäuse kreisen über Draculas Schloss
- Du gehst mit einer Fackel durch eine Höhle und schreckst Fledermäuse auf

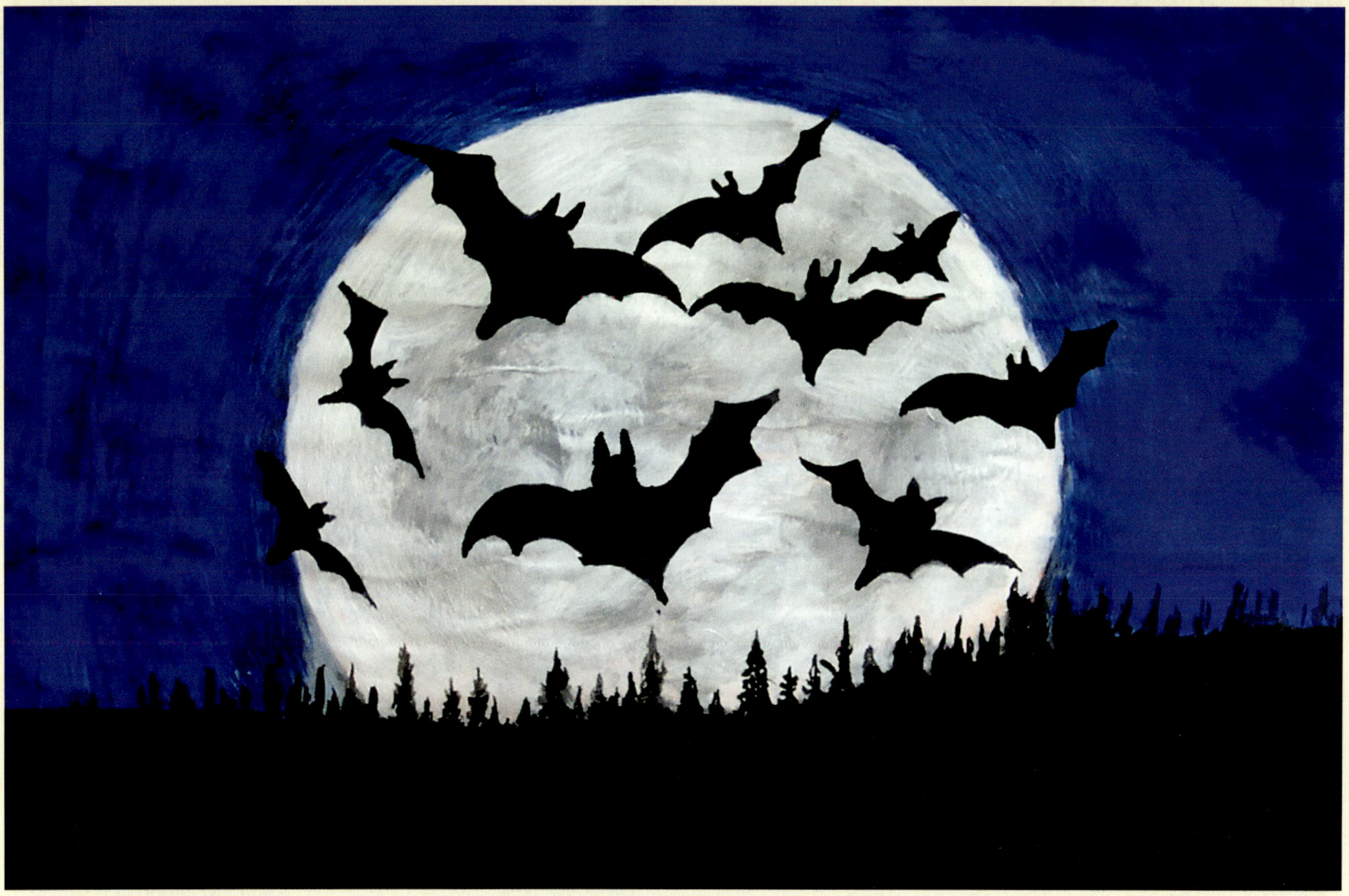

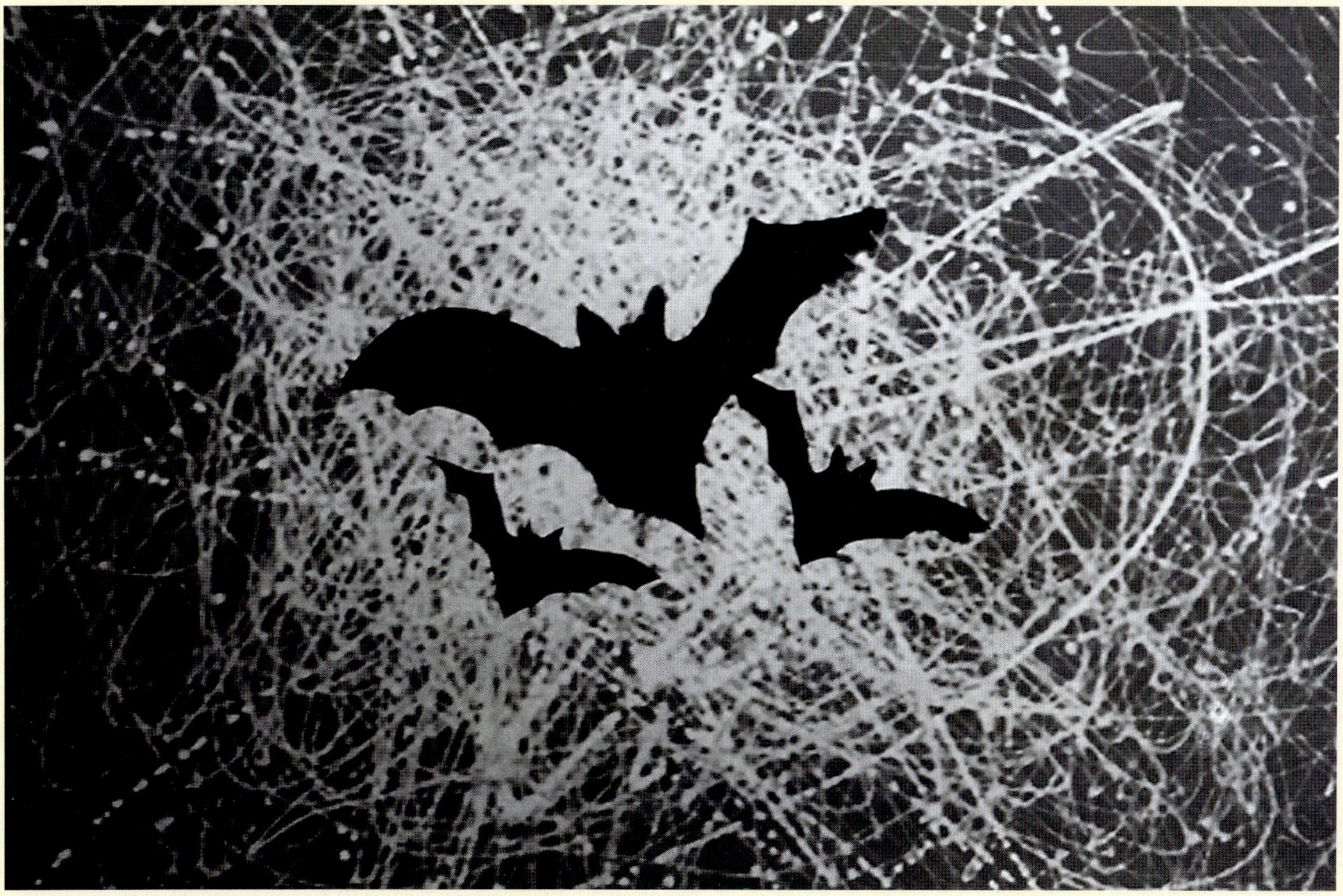